U0164592

作　　　　者	Gratians
書　　　　名	僕人領袖是咁的
策 劃 及 編 輯	李灝麟
出　　　　版	超媒體出版有限公司
地　　　　址	荃灣柴灣角街 34-36 號萬達來工業中心 21 樓 02 室
出版計劃查詢	（852）3596 4296
電　　　　郵	info@easy-publish.org
網　　　　址	http://www.easy-publish.org
香 港 總 經 銷	聯合新零售（香港）有限公司
出 版 日 期	2022 年 3 月
圖 書 分 類	心靈勵志 / 僕人領袖
國 際 書 號	978-988-8778-50-8
定　　　　價	HK$88

序

從宏恩走二十分鐘路程，就會來到桂林街六十一號，那裡栽種了一棵菩提樹（寓意智慧），為要紀念昔日一所校園。

逾半世紀以前，一群國內學者南來辦學。他們艱苦經營，經常面對「三個沒有」——老師沒有薪水，學生沒有學費，學校沒錢交租。

然而，學生都緊抓每個學習機會。看在同學眼睛，老師不僅僅為了一己而活，而是心繫自身以外更大的福祉上。這份人文精神，關注點由「我」轉化成「我們」，深深吸引了一個又一個年輕人慕名而來。

這所學校名叫新亞書院，亦即中文大學的前身。他們昨天的故事，今天的人一再覆述，大概除要表達一番敬意，更要緊的，是要後來者承傳前人的風骨。「新亞人」三個字，經已化成一個「敍事身分」（narrative identity），意即既是一種身分，更是一個勵志故事，不住啟發一代又一代揀選新亞書院的人。

說回宏恩，我們也可建構一個「敍事身分」嗎？據說，我校有條「脊椎」貫穿不同的學系。所謂脊椎，此乃我們冀望畢業生所能型塑出來的品格。怎麼樣的人格？簡單的說，就是成為一位「僕人領袖」（servant-leader），少一點為自己，多一點為別人。

於是，我們在這宏恩創始階段，展開了一個書寫計劃，

簡稱「S Project」。當中的「S」包括四個含意，分別為「故事」（story）、「僕人領袖」（servant leader）、「我們大家」（"s" the plural），以及一份「內在精神」（spirit）。若用一句話來表示，是這樣子的：

「在過去一段日子，你可曾在宏恩裡，感受到任何人與事，流露僕人領袖的精神？」

S Project 嘗試尋找一份初心。香港為什麼需要多一間專上院校？宏恩之所以存在，大概離不開「僕人領袖」四個字。但我們仍在學習中。這本書收錄的諸多故事，有的來自同學，也有來自同工，他們親筆撰寫，少數口述，全都可以開我們的眼目——原來看在他們眼裡，如此這般就是僕人領袖了！

五十年後，許多人與事總會逝去，一切都顯得不再重要。可是有的東西，就如這裡的一個個故事，一筆一劃嘗試捕捉一份僕人領袖的神采，或會繼往開來，有助我們辨識好的行為，即由 identity 轉到 identify，激勵一代又一代的宏恩人。

觸摸不到，但仍會留下來。這，就是 spirit 的力量了。

目錄

本書亦有一個不住加文的電子版，建議在閱讀前先 click 入右上角的「設定」符號，再在「展示」一項開啟「Side by side pages」，確保最佳的瀏覽版面。

S Project 計劃海報，用來推動同學和同工寫故事。

S Project 進行期間，設計了三款卡送給同學，盼可激勵他們動手寫故事。

Robert Greenleaf（1904-1990）

被譽為「僕人領袖」一詞的始創人。幾乎大學一畢業，就獲聘於當時全美最大的企業 American Telephone and Telegraph。由低做起，職涯可謂一帆風順，若不是自己婉拒，早已晉升至公司第二把交椅。主管人事部，專責培訓與研究。年輕時就發現，就算一個部門多麼死氣沉沉，一夜間亦可脫胎換骨，關鍵在於當中的「領導能力」（leadership）

有否復興更新。

　　他的人生其一有趣之處，就是他的黃金歲月，反而在退休後出現。在一九七零年，當時的 Greenleaf 已由花甲邁向古稀之年，不過仍寫出了一篇對後世影響深遠的文章，名為「The Servant as Leader」。當中，他提出了一套嶄新的領導模式，深信踐行的人將會化作一道力量，使社會變得更美更善。儘管 Greenleaf 逝世已逾卅載，他的領導哲學依然深受擁戴，包括許多赫赫有名的人，包括 Stephen Covey、Peter Senge，以及 Ken Blanchard 等等。

S Project 推出初期，本校剛剛第三年辦學。這棵樹的葉子數目，加上來相等於當年的學生人數。我們很想指出，小小一片葉子看似微不足道，不過一旦聚起來，也可幻化成一棵美麗的樹。同樣，本書記錄的每個僕人領袖故事，貌似渺小，但卻重要。

同學寫同學

"Regardless of what your chosen vocation may be, and it can be any legitimate calling your talents justify, do you see your life, be it long or short, as having a total impact that leaves the large society—neighborhood, city, state, nation, world—a little better than if you had not lived in it? It is important that many of you make this choice now because plenty of people, by design or by accident, will leave it worse."

Robert Greenleaf's talk to freshmen in 1967

一碗碗牛奶粟米片

文：何曉彤（2017 社工學系）

何曉彤：「宏恩裡大部分同學都很善良，
幾乎每一位都曾向我作出善意的問候，
為我的校園生活添上色彩。」

右一：何曉彤

僕人領袖是咁的！

在宏恩這個大家庭，我遇到了不少暖心的人和事。

不得不說，宏恩裏大部分同學——啊，不對，不是同學，而是朋友——都是善良的好孩子。在我肚子餓時，有的會主動給我一碗牛奶粟米片；在我趕不上課業時，有的會主動推薦一些有用資料給我。幾乎每一位都曾向我作出善意的問候，為我過去一年的校園生活添上不少色彩。

但現在特別想和大家分享一位好朋友 C 的故事。C 比我少兩歲，卻更成熟穩重。他有卓越的領導能力和解難能力，是一位僕人領袖，很值得我們學習。

出發點只為我好

有件事教我格外敬重他。有一次，我跟好友吵架，之後在 C 面前哭得呼天搶地。C 在麥當勞陪伴了我三小時，耐心地聽我，並仔細地分析事情，為我解憂，更為我祈禱。奇怪的是，與他交談過後，就不再那麼憂傷了——他真的很有治療別人的能力！

「比起與人歡笑，我更願意與人哭泣，因為伴人歡笑的人可以有很多，伴人哭泣的卻不多，」C 這一句說話，讓我刻骨銘心。

又有一次，我向他問及自己的缺點。「你不應只問缺點，應同時問優點，因為我們不能只作批評，」他立時糾正我。C 說，我有時會過分依賴人，但亦不是不可為。「優點和缺點，從來都是不同人有不同的想法，不用過分在意，」他不忘補充。被人說出自己的缺點，我仍聽得那麼順耳，想來還

是頭一回。也許，是我感受得到，他認真的說，出發點只是
為了我好。

　　C不是沒有脾氣，只是他懂得控制，從各方面思考問題。
有一次，同學大伙兒在義工活動裡不順心，他不僅按捺住自
己的情緒，更安撫了其他同學。

　　雖然認識不到一年，卻因一些義工活動，跟C逐漸熟絡
起來，一起經歷了不少事情。很想在此跟C說一聲謝謝，他
教人欣賞，大家都不禁期待起他的將來。

　　第二年的校園生活快將開始，不知又會遇上什麼人和事
呢？

回　應

我覺得宏恩的同學仔有份熱誠，喜歡照顧身邊的人。譬如，
每次 Karen（註：即曉彤）轉入 202 室找東西吃，幾乎沒
有一次空手而回，總會遇上慷慨的人，就像牛奶栗米片，
是由 David 弄給她的。
文章提到的 C 君，確是一個好的僕人領袖，雖然未必做到
事事解決，卻充當了陪伴的角色。我和 Karen 一起做過一
次性格測試，結果顯示，我倆完全「打對角」，性格可說
南轅北轍。我跟 Karen 相處，不時需要像 C 君一樣的人，
做中間的協調。Karen 重視情感，但我處事方式不同，有
些話真的不易開口。

陳有濼（2017 社工學系）

僕人領袖是咁的！

鏡子效應

文：陳銘熙（2017 社工學系）

陳銘熙：「在他身邊可以觀察一件有趣的事，就是他身邊的朋友仔不時都會不自覺地跟從了他的意思。謙從來沒有督促我，但他本身就是一個榜樣，讓人有學習的方向、前進的動力。」

　　坦白說，最初和他相處，感覺格格不入。就算現在也很怕和他說話，因他的言談總離不開 assignments 和 lectures。這人看起來一本正經，待人異常地有禮貌。我覺得很難開口和他說話，像我這樣貪玩和懶散的人，怕會悶死。

　　他叫盧卓謙，我們一開學便認識。

　　不過相處時間一久，卻發現他調皮幽默，滿腦子古怪念頭，十足十一位整蠱專家，就像演活了戲裡的周星馳。他的古靈精怪令人感到親切，我們亦漸漸成為了好朋友。

　　最近一次生日，他就為我預備了驚喜。除了有難忘的禮物，我們大伙兒玩到滿身忌廉。在我記憶中，我從未試過在生日玩得如此瘋狂。在我的朋友圈中，也只有盧同學會花這麼多心思陪伴朋友。

從他手上接過一張入場券

　　他的口頭禪是「謝謝你」。由小到大，我都認識這三個字，但唯獨認識阿謙之後，才感受到它的魔力。這三個字恰似一張入場券，即使你惡形惡相，只要手持這張券，就可以走「好好先生」的路線（謙就是一個好例子）。此刻，我從他的手上接過這張入場券的複印本，頓覺在職場上暢通無阻。因著「謝謝你」三個字，我和同事的相處變得融洽，他們少了拒絕我的請求，多了主動問我是否需要幫忙。相比舊時工作，我和同事只會各自各做事。

　　除了和同事關係好了，亦試過令陌生人留下深刻印象。

僕人領袖是咁的！

記得有次在餐廳招呼客人，只是多說幾聲謝謝，客人直接讚我斯文。我真的嚇倒了，沒想過會有這個效果。阿謙的禮貌令我變得更有禮貌，這就是我從他身上的得著。

做不起，他肯定打死我

說回校園生活，大概每個做過 group projects 的同學，必定想爭取像阿謙一樣的人入組。很多時候，小組都會因為趕「死線」而惹起爭執，同學互相催促進度，有的還會責怪對方，在後腦勺緊盯不放，弄得滿天負面情緒。

但謙的組卻不一樣。有次，阿謙、我和另一個同學負責一份專題報告，早在收到題目之後，謙就馬上找 lecturer 拆題，並在組裡自訂「死線」。最感動的，是他為我們搜羅了閱讀材料，盼望提早完成報告。很不幸，我和另一組員追不上進度，阿謙雖然責怪我們，提醒我們做得不好他的分數也會受連累，但他也鼓勵我們，說如果我們真的應付不來就告訴他，他會想辦法，壞起上來「頂多我做埋你一份」。當然，這個最壞的情況沒有發生，同組的人至多只會把「我做唔起份野，阿謙實打死我」一話掛在口邊。

阿謙不僅具備領袖的氣質，同時還有僕人的謙卑，在「改變他人」上有著不可抵抗的魔力，令人心服口服。他很有自己的想法，又肯慷慨地表達，說時大方得體；在談論正經事時，言辭亦有內涵和道理，不會讓人覺得不可一世。在他身邊可以觀察一件有趣的事，就是他身邊的朋友仔不時都會不

自覺地跟從了他的意思。謙從來沒有督促我，但他本身就是一個榜樣，讓人有學習的方向、前進的動力，在我身上，最顯著的莫過於學業上的成長。我亦留意到，謙和我的共同朋友漸漸成為對方的鏡子，一起成長。

在宏恩這所小小的校舍裡，其實不少人都散發「僕人領袖」的精神，但最讓我深刻的還是謙。能夠遇上一位這麼願意為別人多走一步的朋友，不是一種福氣嗎？

回 應

今個 semester 也有和阿謙一起做 project，他是個好好先生，待人有禮，經常多謝前多謝後。我的經歷亦相似，自從出來做事，口中多一聲謝謝，辦起事來真的方便一點。對人有禮，予人一種溫暖的感覺，想來也是社工該有的表現吧。一句簡單的問候，一個簡單的微笑，一聲簡單的謝謝，已經可以感染身邊的人，帶給他們能量繼續生活。不用出街，咫尺就有一個多麼有禮貌的人，除了感到十分特別，還覺得這是一份福氣。阿謙仍未畢業，已夠資格做社工了，如果香港有多些像他這樣一個的人，肯定是件好事！

袁啟安（2017 社工學系）

僕人領袖是咁的！

一場午餐革命

文：盧卓謙（2017 社工學系）

盧卓謙：「他很注重健康飲食，當過兼職廚師，有天突然向我們發出一個挑戰，提議我們自備干餐，確保食進肚子的都乾乾淨淨。」

環顧現今政商兩界，名成利就的人，大多屬於強權領袖，要找一個流露僕人氣息的代表人物，似乎殊不容易。

意外地，我在宏恩竟然認識了一位。Ronno 年紀雖小，外表亦不特別出眾，但是他的舉止比起年長的、更有學識的，更加綻放僕人領袖的光芒。

Ronno 身邊的朋友總曾接受過他的幫忙。這不代表他空閒得很，沒有事情做。相反，他比其他同學更忙碌，除了要應付學業，還要抽時間做兩份兼職。他的日程密密麻麻，早已擠不出什麼休息時間。他理應有足夠理由推辭或婉拒任何請求，可是他沒有這樣做，而是盡力提供協助，不論事情大小。在他自己與別人之間，Ronno 有時寧願犧牲小我的利益，以求成就別人。

向我們發出一個挑戰

Ronno 注重健康飲食，當過兼職廚師，所以一天向我們發出了一個挑戰。他嫌一般的食肆下味精，衛生情況亦欠佳，提議我們一起自備午膳，確保落肚子的食物乾乾淨淨。於是，我們好幾位同學開始了一個午餐革命，自備食物回校，一起分享，天天如是。然而，我們偶爾會因功課繁重，未能準備一天的午餐，但 Ronno 依然堅持，不計較犧牲睡眠時間，自己一人為大伙兒各自製作一個愛心飯盒，除了滿足了我們的果腹之欲，也為我們提供了一整天的能量。

「我很在意他人的情感，只要對其他人有利的我都會

僕人領袖是咁的！

做。我認為最重要的，是別人得到滿足，」Ronno 曾發自內心地說。

他的年紀比我少，時而粗心大意，卻懂得一再把我們的益處放在首位。

他成了一道橋樑

Ronno 亦積極參與不同的義工服務。只要一聽到義工招募的消息，他的眼睛便會霎時閃閃發亮，所以你不難在學校舉辦的義工服務中找得到他的身影。他的熱心，不是由於他人強迫，而是真心真意想要回饋社會。

他經常分享做義工時的所見所聞，亦鼓勵我們一起做。「只要有能力，便應為社會上有需要的人做多一些事，」Ronno 再三強調。他希望我們心裡建構一套「助人為快樂之本」及「施比受更為有福」的價值觀，以正面的態度扶助弱勢社群。

Ronno 成為了一道橋樑，把學院的理念——僕人領袖——連繫到社區，甚至將其宣揚開去。此刻，他的感染力只在我們圈內幾位朋友中間發揮，但假以時日，定會在社會上造就更多的人。

在未來的日子，我真的期待見證他的成長，一天比一天更加活出僕人領袖的模範。

回應

我對這場午餐革命留有深刻印象，對我的影響也可謂潛移默化，當我要作一些決定時，便會在我腦海裡浮現。「食什麼好呢？對啊，帶飯亦得。他們做得到，我們也可以吧，」這念頭有時會在我頭上盤旋。這個學期，我終於付諸實行，有天想吃金針菇，就帶回了學校。我發現，只要有人帶飯，身邊的人就會受影響。到第二天，跟我要好的朋友也帶飯了。想回來，銘熙一早就踏出這一步了。真的感謝他，做了一個示範，立了個好榜樣。所以也想倡議大家帶飯，不，還是不好，太多人帶飯就大排長龍，我要撤回這個倡議，除非學校多買幾部微波爐！

劉穎儀（2017 社工學系）

回應

銘熙雖然小我一年，但他思想十分正面。大概是太正面了，加上他常常臉掛笑容，只要一見到他，心情就會馬上好轉過來，害人愁煩的事亦會由大變小。我跟銘熙返同一間教會，所以一星期幾乎見足七日。一路以來相處，一再受了他的恩惠，真的好多好多好多好多！每次幫我，他都不問原因；答應了我的事，也從不食言。「好啦，我幫你啦。」這是他慣常的回覆。

歐陽爾心（2017 社工學系）

僕人領袖是咁的！

銘熙這個人有時會在堂上插插嘴、搞搞爛 gag。他愛護環境，不叫外賣（當然主因是為了慳錢）。在帶飯這件小事上，他還會替同學洗碗，偶爾甚至為沒空的同學做飯。

高名誼（2015 工商管理學系）

銘熙常常請大家吃飯，我也是這場午餐革命的受惠者。我比較厚面皮，不覺有什麼不好意思（笑）。銘熙感動了身邊不少同學，記得有一次上堂，大家要各自寫一張張紙仔給其他同學，在寫給銘熙的一張，我就說了他是我一位好重要的同學。怎料，他一天突然打電話來，不尷不尬地道：「你寫我是你要好的朋友，但我覺得自己不太了解你，所以我想認識你多一點，例如你的夢想諸如此類的事。」因著一張普普通通的紙，他就認真打來，除了教我感動，亦同時感受到他待人可以有多好！

何曉彤（2017 社工學系）

第一聲：同學寫同學

留守型疾風少年

文：鄭尚正（2015 社工學系）

鄭尚正：「往後的路程，大家遙相看顧，彼此相距不會太遠。當抵達目的地，各人都樂在其中，覺得鄰近的一位不只是位同學，更是一個同伴。」

僕人領袖是咁的！

上年，兩位心理學系同學 Hermann 和 David 一手一腳籌劃了一個單車活動。

大概由於臨近考試，參加的同學連我在內只有六位，但 Hermann 和 David 依然十分盡責。我們由大圍出發，途徑馬料水科學園、大埔海濱長廊，最後以沙田公園作結。這路段以休閒消遣為主，不算複雜，初學者也能駕馭。當日，Hermann 負責講解活動流程以及教導單車技巧，而 David 則瞻前顧後，確保同學「行車」安全。他們互相補位，細心留意安全，沿途不住關心我們每一個。參加者中有一位完全不懂單車，David 和 Hermann 事前就花了近一小時悉心教導。

然而，同學的能力始終有差異。踩到半路時，有同學已經滯後一段距離，當時 Hermann 正在領頭，而 David 則留後照應。由於要交還租車，時間有點緊迫，有同學提議不等了。但 Hermann 有保留，認為安全起見，應該等待所有人。幸好，同學明白 Hermann 的出發點，最終待到尾隊趕上，大伙兒集合後才再次出發。這個決定，無形中讓同學團結起來，往後的路程，大家遙相看顧，彼此相距不會太遠。當抵達目的地沙田公園，各人都樂在其中，覺得鄰近的一位不只是位同學，更是一個同伴。

其實，宏恩的同學不時親自籌備活動。就如 Hermann，一再發揮專長，分享自身興趣，辦過咖啡和攝影 workshops。我想，學院仍在成立初期，假如同學願意付出自己所長，多以學生身分帶領活動，相信有助我們建立僕人領袖的風氣。

第 一 章： 同 學 寫 同 學

又如果這進一步蔚為風潮，同學在學院裡便更自立，學院的發展也會更成熟。

回應

我作為 organizer，理應照顧同學。叫大家等，當然 take care 到踩得慢嘅同學，但而家諗返，對於踩得快嘅同學，可以話係個額外嘅要求，可能犧牲咗佢哋嘅快慰和時間，後者未必會即時理解。好幸運，最終個 outcome 都係好，踩得快嘅知道要遷就，要理解每個人嘅能力係有唔同。

我而家出嚟做嘢，發覺唔係人人都肯花時間，去明白唔同人嘅差異，只會用一個 benchmark 去 label 每一個人，唔會去理解做唔到嘅人遇到啲咩難處，少咗啲 empathy，令成件事變得 harsh。

今時今日，衡量一個 leader，都會睇佢嘅業績，去判斷佢係咪一個成功嘅人。但係呢一個係咪好嘅指標？有時一啲 leaders，未必做到好犀利，做到總統啊 CEO 啊，但係喺佢手下嘅人，每日都過得好開心、好充實，覺得可以團結大家，可以一起長時間合作。呢種向心力，我覺得比一個有一千萬業績嘅某某某更加好。

關學軒（2015 心理學系）

僕人領袖是咁的！

任何人

文：關學軒（2015 心理學系）

關學軒：「做好事，唔一定要專登出去做義工。我最怕嘅係大家都將視線集中晒喺遙遠嘅彼岸，而忘記咗其實我哋身邊嘅人亦都同樣需要你一句說話、一個擁抱或者一碗粟米片。」

前排左三：關學軒

第一章：同學寫同學

咩係僕人領袖？邊個係僕人領袖？呢個問題實在係有點……難答。

當 Collin 哥哥（＊佢仲好後生㗎＊）搵上小弟嘅時候，我都諗左好耐應該寫邊個。於是我又翻箱倒櫃總算搵返以前嘅 notes（因為太重要所以放咗入夾萬），睇咗一陣啲冷汗係咁滴。一滴，兩滴，三滴……（唔知嘅同學自己 Google 石修催眠 YouTube）突然發覺其實如果要逐個逐個點名應該可以寫到下年，所以我好懶地求祈寫幾句就算。

我日日都見到羅拔仔

可能大家自己都唔多覺，但係其實大家內心都住咗一個羅拔•綠葉（Robert Greenleaf [靴文式——即本文作者——直譯]）。或多或少相信大家都喺學校做過唔少好嘅事，為過唔少人企出嚟發聲，又或者自願／被自願地承擔起責任。呢啲事可以大到畀人登上報紙，亦都可以細到轉個頭自己都唔記得咗。

可能你會話：Who cares?、(￣▽￣"") ╱但係就係呢種態度先係最珍貴嘅。喺你幫人／揹飛嘅時候，腦入面冇先盤算過人情世故，冇先 run 翻個 AlphaGo 分析下到底值唔值，而係純粹「想幫手」。正正係呢個咁簡單直接嘅諗法先係真正最值得被記錄嘅。

令人感動嘅係，我哋身邊仲有好多呢一種人。可能曾經出手嗰位大佬／靚女根本冇意識到自己做嘅事係幾咁窩心幾

僕人領袖是咁的！

咁有承擔，但正正係呢一刻受助嘅人就會感受到最純粹嘅幫
助同真誠。

唔一定要專登做義工

我夜媽媽搵 email 炸 Collin 嘅目的並唔係想大家睇完之
後霎時感動，聽日走落麥 uncle 之家捐返十蚊；更唔係希望
大家拎住綠葉哥嗰幾廿條準則嚟生活。而係想大家做一件非
常非常簡單嘅事：由今日起，好好對待身邊每個人。

做一個僕人領袖／做好事唔一定要專登出去做義工（頭
盔：做義工係一個好嘅行為），我最怕嘅係大家都將視線集
中晒喺遙遠嘅彼岸，而忘記咗其實我哋身邊嘅人亦都同樣需
要你嘅一句話、一個擁抱、一碗粟米片。

呢篇文係寫畀每一個大佬同靚女，慶幸有你哋喺度，我
日日都見到羅拔仔。多謝你哋！

第 一 章： 同 學 寫 同 學

回 應

今年係我第五個喺宏恩讀書嘅年頭，五年其實都幾長。五年前喺度見到嘅人，今日仲見到嘅，用兩隻手都數得晒。離開的人永遠比留低的人多，呢句喺邊度都咁啱用。

讀咗五年，我識到嘅人，相信冇邊幾位同學可以比我多（應該係）。同樣地，離開嘅熟人更加多。離開嘅原因有好多，可以係畢業，可以係唔再讀，可以係離職。

僕人領袖由我入嚟第一日已經聽。你哋每一位已經離開嘅 servant leader，留低嘅汗水同腳毛依然幫助梗宏恩。你哋嘅心血，由留低的人繼續傳承落去。就算唔再喺宏恩見到你哋，你哋所建立嘅都會由我哋繼續落去。

一年後，我都唔再係留低的人（如無意外）。但係我好有信心，理念同精神唔會因為人走咗就消失。每一位 servant leader 的理念同精神交到我哋手，我哋都會交到下一代嘅人手裏。

僕人領隊的精神，由離開的人交到留低的人，再交到下一個留低的人。

黎灝程（2018 社工學系）

僕人領袖是咁的！

拿撒勒就在這裡

文：駱嘉文（2015 社工學系）

駱嘉文：「有時候，我不禁懷疑，這樣的僕人領袖，真的會在我們身邊出現？在這間人少少又寂寂無聞的學院，還能出什麼好的嗎？」

第一章：同學寫同學

　　僕人領袖，既是僕人又是領袖。是僕人，因為他們願意放下自己，為別人多走一步，以別人和社會的好處為優先；是領袖，因為不管他們有心抑或無意，總能給予別人亮光，感染周遭，讓身邊的人不自覺的跟從他們的腳蹤。

　　在課堂上，我們讀到的僕人領袖總是頭戴光環，都是一些做大事並且世上知名的人，像耶穌、甘地、曼德拉、德蘭修女……。有時候，我不禁懷疑，這樣的僕人領袖，真的會在我們身邊出現？在這間人少少又寂寂無聞的學院，還能出什麼好的嗎？

　　我在這裡卻遇見了她。

不自覺的從了她

　　她是僕人，又名環保小先鋒。從開學至今，她一直堅持把早午餐喝完的鐵罐膠樽清洗乾淨，再把它們放到回收箱裡。整整三年，從沒因為忙碌、趕時間或怕麻煩，給自己找藉口放棄回收。這份堅持感染了身邊的朋友，讓她成為了領袖。從前的我根本不知道回收前要先清洗，也不會思考環保為何物，看到她擇善而執，我現在就多了一分意識：「花點時間洗乾淨膠樽再放入回收箱吧，不要那麼不環保啦。」

　　她是領袖，很主動的了解社會的需要，不僅親力親為，亦很樂意帶領大家一起參與不同的服務，包括食物回收、為弱勢社群發聲，及幫助街坊辦墟市。不論是要上學的週一二，或是實習期間的每個晚上，她總是不厭其煩的付出，

僕人領袖是啱的！

用心去服務社區。大家在家裡休息的時候，她仍在參與不同的社區工作。有一刻，真的很佩服她服務至凌晨才回家的這份心力。她的熱情和主動，她的投入與「瞓身」，均超過了實習的要求。她所做的，不是實習，而是真的社區工作，從區內老街坊的福祉，到露宿者和釋囚的權益，她對公義和社區需要的執著和見解，一直影響著身邊的同學，特別像我這位「政治冷感」的朋友。她的行動教我學會了要為公義發聲，為社區服務。

出身不起眼的地方

不管大事小事，她總能發揮其行動力。在課室裡，她總是不厭其煩的幫老師忙，懂的不懂的，她都努力幫、試試看。就算身體抱恙，也不會影響到她的行動力。這樣主動的同學，看著看著，真的讓人不得不佩服佩服。

她是一位領袖，讓人看著就想作出改變；她是一位僕人，不是用口說說，而是親力親為。

於我，所謂僕人領袖，就是那些為了社會和別人的好而踏出第一步的人，且能感染人去改變。聖經寫道：「拿撒勒還能出什麼好的嗎？」（約1：46）。 想來，耶穌也是從一個不起眼的地方出生，卻成為一位出色的僕人領袖，影響力更遠超祂在世的日子。

宏恩能出什麼好的嗎？我相信，只要我們願意付出，也一定能成為改變社會和身邊人的僕人領袖。

第一輯：同學寫同學

回應

每聽到她那麼奮不顧身，我不禁捏一把冷汗，但更多的是由衷的尊敬——她不顧自己虛弱的身體，只為了社會公義挺身而出。她對社會真的很有承擔！

區皓怡（2015 社工學系）

僕人領袖是咁的！

調較你恐懼

文：吳凱澄（2019 基督教事工高級文憑）

吳凱澄：「曾經，我同中學朋友約定，畢業後一齊去旅行。我以為我哋以後都會係朋友，一世嘅，唔會分開。但而家因為一啲事，我哋冇再聯絡。自此，我唔再相信任何承諾，特別係有關朋友嘅嘢。」

第一章：同學寫同學

今年生日，我收到一份好珍貴嘅禮物，係一隻熊仔抱住一個相架，由朋友親手縫上去。喺相架度，有我哋幾個一齊嘅相。我將佢放咗喺書枱，每當我唔開心，總係記起佢哋陪伴我、支持我。

宏恩，唔單只係一間學校，更係一個家，一個我唔想離開嘅家。兩年，時間話短唔短，話長唔長，但呢兩年對我嚟講係一個好大嘅轉捩點，我學到嘅唔只係知識，而係點樣成為一位摯友。

我讀過另一間大學

中學之後，我入咗另一間大學，喺嗰度我冇認識到新朋友。其實唔係識唔到，而係除非必要，我從來唔同其他同學溝通，無心去認識其他人。Year two 實習前我決定退學。我成日同人講覺得唔適合，所以決定離開，但其實仲有一個原因——我怕實習，怕需要同人合作。而我，係無信心做到。

過咗幾年，我嚟到宏恩，開初好努力去改變自己。我主動同同學傾偈，因為由開始怕實習嗰一刻，我知道我需要有人陪伴，所以我好希望可以融入到新嘅環境，認識身邊嘅同學，認識朋友，唔再好似以前咁怕同人相處、合作，但我心入面始終好怕同其他人講自己心入面嘅嘢。如事者過咗半年。

到 sem two，我卻遇上一個，能讓我開口講自己內心嘢嘅朋友 A。我冇主動認識佢，但佢卻主動認識我。自從認識咗 A，我有好多嘢都改變咗。佢係一個願意聽我講內心說話嘅人，喺我講唔出嘅時候佢會等我；我講唔出口，佢願意喺

僕人領袖是咁的！

WhatsApp 同我傾；當我喺 IG 出 post，佢會關心我；當我打界佢，但剩係喊，佢都會等我；喺我情緒好差嘅時候，佢會陪我，甚至好夜，佢會問我使唔使出嚟陪我，但其實我哋住得都遠；喺我情緒好差但唔應 WhatsApp 時，佢會好擔心我，會打電話界我，我一次唔聽，佢就打第二次、第三次……。佢願意放下手頭上嘅嘢去陪我，甚至喺佢趕緊功課 deadline 時，都願意陪我去散心。

我好感恩能夠遇到佢。因為 A，我學識點樣同人相處、溝通，點樣同一個朋友相處。以前中學，我有一班好好嘅朋友，但因為當時我狀態差到上唔到堂、考唔到校內試，好多時都係佢哋聽我講，承受我嘅負面情緒，從來唔會同我講佢哋嘅嘢。因為咁，我好怕新認識嘅朋友都會一樣，但同 A 嘅相處，我學到互相付出。我終於有一段互相傾訴、陪伴嘅友宜，一齊成長。

A 好重視朋友，會為朋友付出心機、時間。有時我同佢講，要照顧下自己，佢總係覺得好難（我真係希望佢唔好將所有人嘅嘢放得高過自己嘅需要）。有時佢情緒差，而我同樣都係，佢總係會放低自己嘅需要，去陪伴我，而我總係事後先知道佢遇到嘅比我更難受。例如，佢面對屋企嘅困難，而我只不過係情緒低落。

曾經不信任何諾言

曾經，我同中學嘅朋友約定，中學畢業後要一齊去旅行。然而到我哋大學畢業，都未完成到。喺中學就嚟畢業，好多

同學都互寫紀念冊，而我哋冇互相寫，因為我哋話以後都會係朋友，一世嘅朋友，唔會分開。但而家因為一啲事，我哋已經冇再聯絡。結果，我唔再相信任何承諾同約定，特別係有關朋友嘅嘢。A好清楚記得呢樣嘢，喺佢陪我過嘅第一個生日，佢畫咗張生日卡送畀我，背面寫上密密麻麻嘅字，我好記得一句係：「雖然好想同你去做約定，但我知道你唔會隨便點頭做約定，不過我會等你」。（唔好誤會，佢唔係男仔，而係女性朋友。）

佢嘅付出，對我嘅關心，畀我嘅唔只係一份友誼，而係令我好想從佢身上學習，點樣同人相處、點樣關心人。而家入到職場，面對更多人，亦即面對住我最驚嘅人際關係。喺工作中有好多同事，好多工事上嘅往來，但真係會講自己嘢嘅唔多。不過，我遇到一位同事，令我好想去關心佢，讓佢知道唔係所有人都討厭佢。其實係好難，但我心入面希望可以好似朋友A，令同事知道自己並唔係一個人。

好多謝A主動認識我，為我付出咁多，令我改變咗好多。當然，喺呢兩年我唔單只認識到佢，更加識到幾個為我付出咗好多嘅朋友。佢哋嘅付出，畀我嘅唔只係一份友誼，更加教導我點樣關心人，讓我可以好似佢哋咁，帶畀人安慰同鼓勵。佢哋令我由一個唔係好同人相處，變得希望去為一段友誼付出。

宏恩入面，又有幾多個願意放下自己，去為別人付出嘅僕人？相信你身邊一定有一個！

僕人領袖是咁的！

你開頭嘅時候，擔心唔識點同人分享，但去到最後，你願意跟其他人講，縱然開始時只係少數人，卻係重要嘅一步。我哋被人傷害過之後，都會好驚同人建立關係，嗰一步係唔容易，寧願匿埋喺一個安全嘅角落。但係呢一步，你可以見到係幾咁美好，由一個人變到一班人，最後仲收到一份禮物。呢件係一件好有意義嘅事，希望你之後都會同其他人分享，將呢份相信其他人嘅經驗分享開去。

黎子謙（2019 社工學系）

在文中感受到你有很多感恩：感恩在宏恩猶如一個家；感恩朋友 A 的陪伴。短短兩年能建立深厚的友誼實在難得！這個學習旅程，你除了獲得知識，同時亦獲得友誼，實在替你高興！願你在其他地方也遇到在宏恩一樣的僕人，甚至思考自己如何成為他人的僕人！

黃玉華（2019 基督教事工高級文憑）

在這小小花園裡

文：朱詠妍（2015 社工學系）

朱詠妍：「每堂放 break，只要你到訪花園，基本上會看到這兩位同學不是澆水，就是清除枯枝。他們貪玩，『玩』足整整四年，不住打理，不住為小花園添新元素。」

僕人領袖是咁的！

我一直想不明白，兩位 final year 的同學為何花那麼多時間在二樓的花園裡。

年年都有小驚喜

但我曉得，當我每次踱到花園，總會遇上一些小驚喜。一年級還沒有的魚缸，轉眼就躲了一條條小魚在水生植物中；二年級還沒有的藤架，很快便爬滿了瓜類植物。三年級呢？長木椅上又多了一些小盆栽，盆盆都精緻可愛。四年級呢？香草植物開始進駐，溢出陣陣誘人的芬芳。

所以在休息的時候，除了 202 室，小花園也是一個非常舒適的地方。

每堂放 break，只要你到訪花園，基本上會看到這兩位同學不是澆水，就是清除枯枝。假如碰到陌生的植物時，不妨問問他們，他們的解說巨細無遺，從植物名稱到培養方法，可謂非常專業。

另外，有留意過花園內飲水機上一塊小告示板嗎？這是用來提醒大家不要在那裡清洗碗碟。告訴你，這塊告示也是他們自發弄製的。目的？只想大家更加愛惜花園。

不過超時「貪玩」罷了

其實，兩位同學都快畢業，其中一人更是學生代表，加上沒有他們插手花園的事，校務職員也會整理。我試過問啦，問他們為什麼如此上心，可惜問足三年也只能換來一個個似是而非的答案……。然而，最近終於稍有突破，有人說是「貪

玩」之故。乍聽之下，似乎是挺不負責任的，可是一趟超時——而非一時——貪玩，卻「玩」足整整四年，不住打理，不住為小花園添新元素。

近日，花園的飲上機上殘留了一粒粒紅豆，恐怕是有人貪方便，隨手就把飲剩的紅豆冰往水機倒。這真使人氣憤，其實水機離洗手間不遠，倒不是細校的好處嗎？同學的小天地202室早已經鬧蟻患，繼暖水壺淪陷入蟻，現在水機勢成蟻窩了。懇請大家多走一步，到廁所才清理食物殘渣吧。否則，萬一蟻患蔓延到小花園，不僅損害植物，同時亦令同學與嫻姐的辛勞付諸流水。

最後，很想向兩位園丁同學說聲謝謝，沒有你們「貪玩」，花園真的遜色不少，感謝你們一直用心打理和照料花園裡的一草一木！

回應

見到這篇文章，禁不住要回應了。這幾位同學在這幾年間無私的付出，是有目共睹的！這種「貪玩」令人敬佩！真的感動、感激、感恩！

阿 Sa（副校）

僕人領袖是咁的！

同工寫同工

"The best test, and difficult to administer, is: Do those served grow as persons? Do they, while being served, become healthier, wiser, freer, more autonomous, more likely themselves to become servants? And, what is the effect on the least privileged in society? Will they benefit or at least not be further deprived?"

Robert Greenleaf on what sets a servant-leader apart

薪和火的餘溫

文：葉嘉雯（心理學院同工）

葉嘉雯：「我唔知香港嘅文化係點，好少有老師 invite 你去屋企度嘅個 gathering，但係佢就做得到。我 so far 喺香港遇到嘅老師都冇人做呢樣嘢，內地可能會有，所以我覺得佢同其他人、其他老師唔同。」

僕人領袖是咁的！

　　我離開咗宏恩已經一段時間，當中嘅記憶所剩無幾（笑）。不過，都有啲嘢好記得，好似後尾我知道 Prof Ng，以一個同佢身分不相符嘅價錢喺宏恩做嘢。其實為咩？有好大嘅一部分，係佢有份心意，contribute to 去幫一啲唔係咁叻嘅同學。佢係有份心想做呢樣嘢。

　　當時我去到宏恩做老師，Prof Ng 教梗一科 social psychology，佢為咗我以後可以接到班，就專登嗌我去旁聽，睇下點樣教書啦，亦都令我跟同學有更加多接觸，因為我第一年嗰時做 research 為主，冇乜點教書。咁樣 kind of 幫到我，多啲同學生聯絡，同埋學識點樣教書。佢又畀我帶 tutorials，幫手出試卷各樣嘢。我覺得佢一直帶梗我點樣去同學生相處，點樣準備以後獨立地教一門書。呢個唔係奉旨，以後都冇人咁樣嚟對我。你去到任何一個地方做一份教職，都會 expect 你即刻可以教，唔會係好似我個過程咁，即係帶你慢慢學習點樣教書。

叫學生去屋企玩

　　至於 Prof Ng 同學生之間嘅事，我最記得喺佢差唔多離開宏恩，就嗌晒當年十幾個學生去佢屋企玩。唔係剩係食嘢咁簡單，真係安排咗成日嘅 schedule，好似朝早我哋做啲咩嘢，跟住又玩啲咩嘢，然後又安排咗一個古箏表演，總之就好用心組織咗一個活動。尤其個古箏節目，真係請咗啲好 professional 嘅人嚟表演，因為 Prof Ng 識一個古箏樂團

第 二 章 ： 同 工 寫 同 工

做 training 嘅人，就請咗一班人彈畀我哋聽，kind of 一個 entertainment。

我覺得佢係想，即使自己離開咗，老師都會記掛你哋。我覺得佢當時意思係咁，想畀呢個 signal 學生，同埋想大家有啲凝聚力。當日都玩咗成日，夜晚仲喺佢屋企燒烤。其實係好難得，你試想一個六七十歲人，同班靚仔玩成日，仲要唔係大家 hea 坐喺度，真係有交流。我唔知香港嘅文化係點，好少有老師 invite 你去屋企度嘅個 gathering，但係佢就做得到。我 so far 喺香港遇到嘅老師都冇人做呢樣嘢，內地可能會有，所以我覺得佢同其他人、其他老師唔同。

其實之後，我都做咗類似嘅嘢，可能言傳身教啦。有一次，我都嗌班學生嚟我屋企玩，雖然嗌唔齊，但都有幾個學生嚟我屋企，有同學同我隻貓玩得好開心！而家講返起，Prof Ng 就係一個 role model。

以後冇人咁樣對我

呢啲就係喺宏恩嘅事，但係佢同我之間嘅事實在講一個禮拜都唔會完。佢同我一樣，唔係一啲善長表達自己感情嘅人。我係佢學生嘅時候，未有喺宏恩共事嗰個交流咁多。可能舊時係佢學生，佢比較公事公辦多啲，無咁多 interaction（笑）。

離開咗宏恩後，佢都有 keep 住問我近況，我所有搵工嘅經歷佢都知，都會 prepare 我。我搵任何工，嗌佢做

僕人領袖是咁的！

referee，佢會好認真睇個 job ad，跟住同我講你個 CV 要突出啲咩，interview 要點點點，一直到我喺嶺南〔大學〕都係。所以，佢其實係一個對我影響好緊要嘅老師。

逢年過節，我都會問候下佢，當然，Prof Ng 唔用 WhatsApp，我一般都係同佢老婆傾偈。佢太太都好好，成日都會問候我爸爸，佢知道我爸爸身體唔好，又會問下我自己一個喺屋企點呀。即係已經超越咗師生或者係同事嘅關係，好似屋企人咁，就係咁……我又講到少少想喊啦，因為實在有太多嘅感動。

片中的同學給教授來了一個 surprise，當時還有其他學系的老師在場見證。嗯，在中學也難以想像發生的事，竟然在宏恩出現，真的有點不可思議！

第二章：同工寫同工

回應

Prof Ng 真係一個好仁慈嘅教授，好冇架子。我都好 agree Carmen 講，佢好提攜後輩，亦會從後輩嘅角度去諗，幫我哋好多嘢。我未真正見過佢教書，但估計佢對學生會好好，因為佢連對下屬都咁提攜，去 plan 我哋個 careers 等等。Prof Ng 都係一個好值得尊敬嘅長輩。我都記得我去過佢屋企，佢都請過同事去佢屋企，好好客，佢同老婆都係一個好 nice 嘅人。我同佢都係萍水相逢，只係好短時間一齊做嘢，之前都冇交雜過，但佢久唔久都 email 問候下我。我之後都會問候下佢，好雙向嘅關係。

林嫣紅（心理學院同工）

僕人領袖是咁的！

PhD 速遞服侍

文：SW003（校務處同工）

SW003：「僕人領袖，重點不是『領袖』，
而是『僕人』。人人都可以做領袖，但
不是每個人都甘心做僕人。」

　　離開宏恩，發現原來宏恩是個「少數」的社群。宏恩人的那種「僕人領袖」精神，講求關愛、服待、服從、奉獻、不計較，難以在別的地方覓尋。

　　宏恩人，「僕人領袖」隨處可見，旁邊的你我他她，統統都是。冷漠的現實社會裡，各家自掃門前雪，不在其位，不謀其政。低頭族、花生友，每每皆是。難道科技發達，就要換來關係疏離、冷漠無情的代價？

　　其實「僕人領袖」並不難找，我們在佳節狂歡的時候，街上的清道夫、店舖裡的售貨員、茶樓裡的待應，不就是放棄自己的節目服待大眾嗎？或者你可以說他們只是「敬業樂業」，換轉是你，你會願意犧牲嗎？

　　鏡頭一轉，回到宏恩這片小小的校舍。你能找到「僕人領袖」嗎？我常常警惕自己：見賢思齊，不能原地踏步。在宏恩工作的四個寒暑，見證了不少活生生的例子。

不願我們孤軍作戰

　　有一天，一位博士戴上手套衝入辦公室，究竟他為何打扮成這樣？該不會在宏恩做科學實驗吧！原來他是頂替放假的校工為大家倒垃圾。而這份熱誠的確能夠感染別人，之後其他同事都主動幫手，維持校園整潔、倒垃圾、掃樹葉、巡樓、颱風時檢查門窗。雖然博士名義上只是個資訊科技總監（俗稱 IT 佬），但實際上他什麼都懂、什麼都做。這種委身的精神，絕對值得敬佩。

　　宏恩同事雖少，但很會互相幫助。不論你是教務長、財

僕人領袖是咁的！

務長，或是校工、保安，是碩士還是博士，若有學校活動總會不遺餘力，有錢出錢有力出力。記得以前每逢大型活動，我們總要準備幾百袋宣傳品。同事們一知道，大家都會快快手完成自己手上工作，流水作業式的一起準備宣傳品。其中一個同事明明在備課，但都挺身而出，與我們並肩作戰。他穿起長褸，帥氣十足的跟我們入信封、搬搬抬抬，間中唱兩句韓語歌曲。他寧願回家再埋頭苦幹備課，都不願我們孤軍作戰，為我們打氣，更親力親為。

我加入 SDO 後，與另外一位博士級同事一起構思紀錄冊。他在宏恩「計仔」最多、最有創意。他告訴我，為了紀錄冊的封面，他午飯時間去了公園影相。他往往都是親力親為、謙卑有禮，不得不尊敬萬分，就連學校的學生、校工，都對他讚口不絕。

重點不在領袖

以上種種例子，我都沒有公開同事的名字。因為「這個人」並不難找，或者你都曾經做過類似的小幫手。可能主角是你？是他？是我？或許他們所做的，不是想得到別人的稱讚，而是一切從心而發。同事們在宏恩，除了是工作，還有使命。

僕人領袖，重點不是「領袖」，而是「僕人」。人人都可以做領袖，但不是每個人都甘心做僕人。從心而發，親力親為；懂得服侍，懂得分享。值得學習，值得珍惜，值得欣賞。

第二章：同工寫同工

大小不一的六嚿肌

文：楊睿文（研究處同工）

揚睿文：「如此互相欣賞，恐怕也是塑
造自己成為僕人領袖的一種過程。這，
相信不只限於在宏恩的日子，而是一輩
子的功課吧。」

僕人領袖是咁的！

　　小弟兩年前有幸加入宏恩，服事了大約一年半左右，雖然現已因繼續進修的緣故離職，然而我對宏恩所極力宏揚的僕人領袖這概念抱持肯定和認同。現今鼓吹個人能力的世代，是需要僕人領袖的，因此決定寫成這篇短文，抒發我在宏恩的日子（甚至直到現在）對僕人領袖這概念的一些體會，以及分享當時對宏恩各種人和事的觀察。

　　基於這些體會和觀察，若真要我回答「誰是僕人領袖？」這問題，我發現有一個結構性的困難：就是我不能單一地說，誰是僕人領袖，或誰不是，因為每一個人，或多或少都帶有僕人領袖的精神所主張的某一些氣質。

難以單一說誰是誰不是

　　在於我的理解，「僕人領袖」由多種氣質融會而成。若用宏恩自家的話來說，就是集 CHRIST 六種（甚至可能更多，註1）氣質於一身的人。倘若每種氣質都可以用一個零至一百分的尺度量化的話，那麼究竟每一種氣質需要有多少分，才算合格呢？需要有多少種氣質合格，才叫僕人領袖呢？況且，人總有軟弱，即使今天我某個氣質有八十分，但難免我明天不會因軟弱的緣故降至三十分；不過，也許我意識到自己的軟弱而儘量改善自己，以致我後天又升回七十分，這樣，我這氣質算合格嗎？

　　一有這樣的想法，我便恍然大悟：所謂僕人領袖，並非一種一刀切的概念，並非「你是僕人領袖，而他不是」這樣的標籤。僕人領袖是一種六維（甚至更高維）的光譜（註2），

第二章：同工寫同工

而且每一個維度的光譜都可能因時間的變化而變化。那麼，到底哪一個光譜組合，才算得上合格的僕人領袖？

若這樣理解的話，我會很大膽地說，宏恩裏有很多人，都擁有僕人領袖的氣質，從他們身上，皆可以學習得到僕人領袖的樣式。當我看到宏恩最高的領導層全心全意為宏恩投放時間、心力，甚至情感時，我就會感受到「承擔」的魅力；當我看到宏恩的 department heads 都沒有因為自己的學識和地位而擺架子，反倒顯出一定的親和力時，我就會體驗到「謙卑」的柔和；當我看到當宏恩在創校的過程中遇上鉅大的困難而同事們（不論學術還是行政）都默默地迎難而上時，我就會感受到「堅毅」的力量；當我看到有一些同學在和其他同事相處甚至合作時會做好承諾過的事情，我就會體會到「誠信」的美好；當我看到地下的校務處、圖書館的同事們真心真意為同學服務，盡力為他們解決問題時，我就體會到「服侍」的精神；當我看到一些成員多於一人的部門，如校長室、ITSO 等的同事們分工合作，把該部門應做的複雜工作做好時，我就會體驗到「團隊合作」的美麗。

既然這些人，無論是同事或者同學、個人或者部門，都有僕人領袖的某些特質，具有彰顯僕人領袖氣質的具大潛能，難道我們可以單一地說誰是僕人領袖而誰不是嗎？再進一步想，難道我們就不能在他們身上有所學習，讓自己在各種僕人領袖的氣質維度上有所長進嗎？

這種互相學習、互相欣賞的過程，恐怕也是塑造自己成為僕人領袖的一種過程吧。而這種過程，相信不只限於在宏

僕人領袖是咁的！

恩的日子，而是一輩子的功課吧。於我，僕人領袖的精神一生受用。

註1：萬一您忘記或不熟悉宏恩為僕人領袖所歸納出的六種 CHRIST values，它們分別是承擔（C，commitment）、謙卑（H，humility）、堅毅（R，resilience）、誠信（I，integrity）、服侍（S，service）和團隊合作（T，teamwork）。當然，坊間不一定只沿用這六種維度。

註2：萬一您對「光譜」這概念不太熟悉，您可以嘗試想像一條橫放的絲帶，絲帶左邊代表低能量的光，即紅光，右邊則代表高能量的光，即藍光；從左到右，顏色漸漸由紅轉藍，循序漸進，偏左時偏紅，偏右時偏藍，紅中帶藍，藍中又帶紅，沒有一刀切。

回應

將僕人領袖比喻為「大小不一的六嚿肌」，真的非常有趣！文中提及學習僕人領袖的精神不限於宏恩的日子，而是一輩子的功課，這點我最有共鳴。

現在的我有幸成為一個表達藝術治療師，算是一個助人的職業。然而我常常跟老師分享，當我越接觸得多 clients，越覺得到幫助的不是他們，而是我。跟他們相處，聆聽他們的故事，我看到自己過去的執著和傲氣，同時亦體會到生命的無常，明白到「謙卑」和「珍惜擁有」的重要。

僕人領袖的光環不在於 lead，而是在於 serve，這正正跟治療師的信念相符。在宏恩裡學習到的精神，的確一生受用。

陳嘉珮（研究處同工）

Her First Priority

Simon Ip (Student Development Office)

"Having known her for two years, it is my sincere wish that I would learn from her and help spread her kindness to others, so as to bring God's love to all corners of the community and the world."

Simon

Simon(Top Left Corner)

僕人領袖是咁的！

While Gratia is full of selfless individuals who put others' needs and necessities before their own needs, one of the best examples of a leader being a servant would be Ms Kanis Chu, our Student Development Office Manager.

When I first met Kanis, she struck me as a kind and encouraging individual, never hesitating to serve others and providing help to anyone she met or worked with. Kanis was in charge of all student development issues and was my direct line manager, but she never gave me the impression of being someone placing herself in a superior position and treating her colleagues as inferiors.

I vividly remember that in the previous student orientation camp which I participated in, she personally escorted a student to hospital after he was injured in an activity, even though that meant she was deprived of the opportunity to join all activities in the afternoon. This shows she truly cared about students and gave them top priority.

Apart from that, in the Women Servant Leadership Award Ceremony held in March 2018, she dedicated her heart and soul to the preparation work, such as attending students' rehearsals and transporting musical instruments from the College to the venue (digging deep into her pocket without reimbursing from the College). Such an example speaks volumes about her servant heart; others' needs often triumph over hers'.

Furthermore, Kanis always listened to my thoughts and concerns, and provided encouraging feedback to help me get over my obstacles

and hardships. For example, she took initiatives to arrange one-on-one meetings with me, sacrificing her precious working time to discuss my life goals and aspirations so that I could overcome my problems and become a better person. I recall that she once prayed with me to ask God to help me with my obstacles and to grant me direction and guidance. Her faith in God and care for me have truly inspired and moved me.

There are many more other examples that show Kanis is a remarkable servant leader, and she definitely exemplifies a kind and selfless individual. After knowing her for two years, it is my sincere wish that I can learn from her and help spread her kindness to others, so as to bring God's love to all corners of the community and the world.

回應

One of the most important features of servant leaders is that they give priority to the growth and development of their followers. Simon told the story that he was touched, when Kanis, his senior, discussed with him his aspiration and life goals and prayed with him. In the meeting, Kanis paid emphasis on Simon's growth as a person. This is unexpected and very unusual.

Feedback from Pang I Wah (School of General Education)

僕人領袖是咁的！

神奇鋁俠

文：木子（通識教育學院同工）

木子：「她的故事說明，無論我們身在何處，那怕不過是一個微小的角落，也可使它變得更美、更善。」

「咔嚓——」大閘往上一拉，一抹柔和的陽光灑落在校園的木門，使其頓時亮得黃澄澄，現出了細緻的紋理。

通常在七時前，距離開工時間仍有個多小時。但是負責拉閘的嫻姐喜歡一早就緒，讓自己細嚼一頓早餐。住在偏遠地區，過去幾年逢一至五天未光便起床，回到九龍一所院校當清潔工。

儘管每每幹到臉色通紅，夏天亦要多帶件衫更換，嫻姐形容工作不算太過粗重。校方也有體貼一面，任何需要攀爬才可清潔的地方，她都獲得豁免可以不理，包括在抹窗的時候，毋須抽身出窗框打理向街的一面。可是，嫻姐還是悄悄的做了，特別在一間專門接待來賓的會議房，更加抹得一塵不染，不容學校失禮。

為婆婆踩多一腳

這間學校仍在創始階段，校內沒有飯堂，不少同學得靠外賣才可在中午醫醫肚。校園放置了回收箱，可惜似乎不太顯眼，每逢午膳時間一過，垃圾筒便塞滿一包二包裝了飯盒、膠樽、汽水罐的膠袋，不加分類。嫻姐習慣小心翼翼逐個打開，然後檢拾可回收的物件出來。花心思在這些額外工作，為的是要增加額外收入？不。原來在過去一段日子，一位年逾八十的婆婆不時前來學校，乞求一些紙皮和汽水鋁罐。嫻姐不僅沒有拒絕，反倒為她多走一步又一步。她詢問了婆婆的電話，待汽水罐儲備了一定數量，才致電叫她來領。為了

僕人領袖是咁的！

存放多一點，嫻姐又會洗淨每個鋁罐，兼且放在地上逐一壓扁。她毫不介意任何一個工序，只想到自己多處理一個，婆婆就可多賺一兩毫。

以上的事，嫻姐從未大肆宣揚，甚至打從心底相信，不過小事一椿，不足為外人道——她的工友拍檔從未聽聞，她身旁的看更叔叔也不知曉。

在崗位上，嫻姐是個僕人，但是想深一點，也可視她猶如一位領袖。所謂領導能力（leadership），有說是個「影響別人的過程」（an influence process），包括對方的所思所行，甚至他的發展方向。假如同學聽了上述的故事後，繼而甘心樂意改變自己如何處理用膳後的行為，花多一點時間分類，甚至主動清潔鋁罐，再踩多一腳壓扁，然後多走幾步放進回收箱，那麼他們便成為一位位追隨者，受到嫻姐感染了。

也許，她的故事更說明了，無論我們身在何處，那怕是一個微小的角落，也可使它變得更美更善。

回應

> 嫻姐係一個好主動嘅人，一見到一啲有問題嘅學生，都好主動去關心。佢係百變神奇女俠，態度隨時會變，適應學生，令學生聽佢講嘢。所以，佢係一個非常好嘅領袖，係女性中嘅領袖，軟硬兼施，非常有效。
>
> 吳志偉（防衛大臣）

第二章：同工寫同工

看見宏恩的初心

文：周詠禧（社工學院同工）

周詠禧：「一直遊走於不同學院學習和工作，我真係好鍾意宏恩，因為呢度有我最鍾意嘅『人味』。未來，大家一起保守宏恩初心最美好嘅地方。」

僕人領袖是咁的！

各位同事：

我因為家庭因素，完成呢個學期之後要暫別宏恩喇。五月中，我一家人會去英國倫敦一個叫 Barnet 嘅地方，展開新生活。

一直遊走於不同學院學習同工作，我真係好鍾意宏恩，因為呢度有我最鍾意嘅「人味」。喺度可以實踐到我相信嘅教育，我相信只要有人有關係，就可以互相影響同學習，慢慢有生命改變。

其實我對宏恩有一份投射，呢度師生關係有我以前喺浸大讀社工嗰陣時嘅氛圍同快樂。同學又係有經歷嘅人，好好轉化經歷就可以成才，我成日都好想學生感受到呢種氛圍。

呢度有我最鍾意嘅「人味」

要多謝 Mark 哥 2017 年喺我全心湊仔嘅階段帶我嚟宏恩。Mark 哥係個幽默巨人，超級 multitask 之下，總係輕輕鬆鬆，大事化小，小事化無。我兩夫婦成長中唔同階段遇上樽頸，佢都總係「好簡單啫」就陪我哋度過。好感恩成長中有 Mark 哥陪伴長大，工作上又多番指導。最珍貴嘅係，你非常願意付出時間畀同事、同學。人大咗，更加明白呢啲唔係必然，係可貴。不過一方面欣賞，另一面又諗起，當年我拎社工獎，獎品係一圍飯慶祝，Mark 哥食到中途話要離席，原來當晚係佢結婚周年！付出啲時間畀自己同家人呀 Mark 哥，唔好咁激呀！

Paul 係幫我適應宏恩嘅同事。我重教學輕行政、重意義感輕執行指引，Paul 無限仔細真係補到我位，多謝你成日解答我啲行政問題同課程設計。

多謝 Miss Au 請我入嚟，同埋成日關心我啲仔，又成日關心我幾時會復出做全職咁。宏恩嘅開校故事其實都幾犀利——「當冇路行，就創造啦」，呢啲勇氣係你帶畀我好好嘅參考。

KC，喺宏恩之前嘅認識，就只係我去講 talk，你頒錦旗畀我呀哈哈。估唔到我哋成為同事，多謝你成日喺 office 唱歌、講笑，令我感到愉快。同埋多謝你成日約學生食嘢關心佢哋。呢種文化要 keep 呀！

廖成利律師（要咁叫你），同你做同事就好似見到細個啲明星咁。多謝你嘅書，同埋多謝你團隊近日付出嘅努力。香港加油！

仲有其他嘅社工系之友，Helen、Vivian、Kim Sir、雲姐，我 Part-time 返嚟又少上教員室，所以我哋平時少相處啲，但我感到你哋都有努力認識我。多謝呀，教學加油！

宏恩美好嘅地方

雖然我成日趕去浸大、趕返屋企湊仔，成日來往匆匆，但日子有功，好榮幸喺宏恩都有唔少相知相交：

Collin，你係我好欣賞嘅人，生活中價值實踐真係好強。我同你都唔鍾意著西裝，卻為評審而著，呢啲瑣碎討論同教

僕人領袖是咁的！

學討論都係我平凡但深刻嘅回憶，多謝你同宏恩同學寫宏恩故事，我係會追看嘅讀者，呢啲都係令我溫暖嘅事。

李生 (Joshua)，多謝你成日遷就我啲簽嘢時間，又提我呢樣嗰樣咁，令我好安心，我之後應該有一大堆嘢要請教你呀。

Kevin，多謝你成日幫我協調買書、捐書，對學生真係好重要㗎。另外，多謝你教我用宏恩 electronic database，非常感激。

Alan，多謝你成日救——對，係「救」——我電腦同埋咪嘅事宜，同埋請我食嘢，特別係啲奇怪嘅嘢食。

Moses，多謝你成日幫我 book 呢樣嗰樣，同埋搞 Moodle 啲 setting，又提我交呢樣嗰樣，最珍貴係，你嘅人味都係好重好好傾，舒服。

Terry，多謝你嘅用心，我好鍾意宏恩差唔多零死角嘅 Wi-Fi，同埋 Google-based 嘅電腦系統，我用得好快樂。你個人真係好用心，謙虛，同埋好有耐性。你好似大海咁有無限容量，情緒穩定又會瘋狂關心學生，所以電腦室真係好正嘅一片天地，好似有教會生活咁，願你繼續保持呢個氣氛。

其實我最想同 Ricky 同嫻姐講（Moses 可唔可以幫我 print out 或轉達？），你哋真係宏恩之寶。Ricky 嘅熱情令我覺得返嚟同走都好 warm，學生寫有關 Ricky 嘅文章令我好有共鳴。每日見到 Ricky 你講早晨同道別，係有一種好安心好安全好安穩嘅感覺。你令我個仔成日想返宏恩，佢覺得

第二章：同工寫同工

宏恩等於無限嘅糖、朱古力、同埋餅。一間學校有咁嘅定海神針係好幸福。以前我工作嘅青年中心，個工友姐姐做咗廿幾年，真係媽媽咁，睇住同事同啲小朋友、青年人長大，比我哋班社工更社工。你係寶物！

嫻姐，有一排社會中有好多嘢令我好困惑，有次返到學校我見到嫻姐你，拎啲嘢畀學生搽，關心學生啲濕疹。呢個畫面係我嘅小確幸，苦中一點甜，令我覺得：「真係好啊」/「仍然好多嘢可以做呀」咁。打氣力量嚟呀，「勿以善小而不為」係嫻姐你帶畀我嘅力量。

我今日暫別各位喇，我仍然相信教育同改變世界都係美好嘅事，生命係充滿可能性！

希望未來大家會保持宏恩初心最美好嘅地方，祝各位身心靈健康，平安幸福，未來江湖再見！

僕人領袖是咁的！

宏恩的司機大佬

文：崔康常（校長）

崔康常：「有一次，原先生和我往內地參觀一個發展項目，在交談中，一位接待人員向我讚賞原先生低調和隨和，並且笑玩著的對我說，他初時險些誤會原先生是一位司機而不是老闆。」

第二章：同工寫同工

「聽你談及建立基督教大學一事，現在有甚麼進展？」原先生問我。

「沒有金錢、沒有地方、困難重重。」我搖搖頭，回答時不自覺地嘆了口氣。

「要多少資金開始？」原生拍拍我的肩，並進一步問。

我給了他一個對我而言很龐大的數字。可是，原先生卻一口答允。時值 2012 年，宏恩基督教學院終於找到了頭一塊房角石，建校的籌備工作正式啟動。

頭一塊房角石

原生是我中學和大學的同學，相知相惜了逾半個世紀。他的背景與我有些相似，早年喪父。在中學時，他給我的印象是一位虔誠及熱心事奉的基督徒，對前途充滿信心，好像必會成功考入大學的樣子。在唸大學的時候，因經濟和其他因素，我和幾位中學同學，包括原先生，在大學附近租住了一個房間，方便回校上課和學習。除我以外，其他同學皆是基督徒。

中學時，我和他們已有很多機會討論信仰問題，並且數次應邀參加他們的教會聚會，可是我仍然未能接受基督教信仰。其後，與他們一起居住和學習，我更深入了解他們的為人。在學業的壓力下，我們差不多把所有時間皆用來溫習。可是，原先生除了星期六、日參加教會聚會外，逢星期三還會長途跋涉地回教會參加祈禱會。這些事，我一一藏在心裡。

僕人領袖是咁的！

在大學求學期間，有一天晚上，我獨自默想，因著神的恩典，我深深感受到神的真實和偉大，便決志信主，從此學習在教會事奉，改變一生。

原生給人一個活生生的按著《聖經》事奉的僕人領袖典範。他每天辛勤努力在創辦的公司工作；於星期六、日在教會長老的崗位上事奉，包括講道、領會、行政、關心肢體等；他大部份的收入用以支持教會事工、戒毒事工、孤兒事工、神學事工、在中國治沙事工、在其他落後國家的扶貧事工等，還加上宏恩的辦學事工。他凡事親力親為，身為上市公司主席，卻從不聘請司機，寧願駕車個多小時回公司。他行事低調，從不穿著價格昂貴的衣服；出外用膳，沒有選擇比較高級的餐廳；自用的車輛，縱然可以獲得公司的津貼，也只選用一般品牌的座駕；家中沒有大型電視機和音響娛樂設備；也沒有長期聘用家庭傭工。有一次，原先生和我往內地參觀一個發展項目，在交談中，一位接待人員向我讚賞原先生低調和隨和，並且笑玩著的對我說，他初時險些誤會原先生是一位司機而不是老闆。

原先生的服侍態度令我佩服。他和很多同輩的教會領袖一樣，有在教會清潔地方及廁所的經驗。他身體力行，實踐工作不分貴賤和等級的理念；他關顧在痛苦中的肢體，對他們的遭遇有感同身受的體會與關懷；他樂意提攜下屬和後輩，並付諸行動。在洞察社會的將來發展和需要方面，他更有獨特和過人之處，因此事業非常成功，能白手興家，積聚財富

第二章：同工寫同工

幫助有需要的慈善工作，造福社會。

沒有僕人領袖，沒有我們

每一位僕人領袖均有一些個人特質：如大公無私，為社會大眾的益處而犧牲自我的精神；謙卑的態度和過人的洞察力；具備幫助有需要的社群而使社會更加美好的使命等。他是一個樂於服侍而不是高高在上和高不可攀的領袖。原先生給我們一個美好的榜樣和學習方向。在原先生和眾多的僕人領袖的參與和影響下，我們希望宏恩的同學能成為有德才兼備的僕人領袖，服務社會，造福人群。

作為初始的籌備成員和創校校長，我親身經歷到神的帶領和體會僕人領袖的重要貢獻。沒有僕人領袖的參與，就沒有今天的宏恩。每一位參與建校的僕人領袖，都有啟發和值得我們借鑒之處。我希望透過文字分享他們的見證和貢獻，礙於篇幅所限，容我首先介紹第一位對落實建校有重大影響的人物：創校校董會主席，原樹華先生。

僕人領袖是咁的！

主在校園時

文：木子（通識教育學院同工）

木子：「我從未讀過《愛的教育》一書，卻不禁臆想，假如那位作者仍在，本文提及的三個小小片段會否成為他的題材？此刻，憶起從前一位前輩，每星期都禁食一天禱告，求主的靈在校園裡運行。」

第二章：同工寫同工

「教育本該如此。」

宏恩成立初時，用了上述一話作為宣傳口號。然而，「本該如此」一詞流於空泛，問一百個人，隨時換來百個答案。站在判批思考的角度，這叫「含混」（vagueness）。

何謂「教育」？的確，這是個大哉問。我仍沒一個清晰的答案，但在同工身上，又彷彿窺見了一點端倪。無獨有偶，以下的二三事統統發生在剛過去的學期。

看到了愛的教育

先說一位前輩。他在課堂其中一節，帶領逾四十位同學走訪一間「無牆教會」。這間教會踐行了許多嶄新的社會服務，並把經驗輯錄成書。帶隊的老師很有心思，預備了約廿本送給同學。他說：「是有人捐出來的，不是一人一本，因為不是所有人都愛看書。歡迎你拎，只要你真的願意花時間看。」他又補充，看完最好不要放在書架閒置，嘗試轉贈別人，讓書重獲第二生命。我敢打賭，一定是老師自掏腰包，但又說成奉獻。他的左手行善，卻不讓右手知道。

接著是位同輩。近日跟他閒聊，言談之間，問他六年以來印象最深一位同學是誰。他的答案教我不太意外，那位同學確實棘手，直接一點，就是難教。這位老師比我年輕，卻有一個源自恐龍時代的習慣——愛寫教學日記。有天，他在格子坦露他的沮喪、他的乏力、他的痛心，然後影下，發給文中提及的主角，完完全全剖開自己的心。柔聲細語，同學

僕人領袖是咁的！

感應到了，繼而說出了令自己成長的一句話——「對不起。」

　　另一位同工，肯定是發達國家的寵兒，推高低迷的生育率。她一成家，就打從心底想生五個寶寶。最後不知孰走運孰倒霉，只生了兩個。家人永遠給她放在首位，雖然年紀小小已有博士頭銜，卻不銳意踏上學院的路。寧願騰出更多時間，見證囝囝囡囡成長的每一步。快要放下教鞭了，第一件從辦公室帶回家的東西，滿有象徵意義。是本相簿，內裡存放的盡是一家四口的照片，從黃漬斑斑到簇新的。於她，情——而非成就——才是生命得值一活的理由。

　　我從未讀過《愛的教育》一書，卻不禁臆想，假如那位作者仍在，以上三個小小片段會否成為他的題材？此刻，憶起從前一位前輩，每星期都禁食一天禱告，求主的靈在校園裡運行。這是一首詩歌，「主求你充滿我們，來醫治這地；主求你充滿我們，來轉化這地。」

　　求主充滿這地，在每所校園裡。

第 二 章 ： 同 工 寫 同 工

回應

「師者,傳道授業解惑也。」這三重責任對學生的影響何其深遠,我們當怎樣履行好呢?大概,其基石是真誠的愛。在校園裡,如果每位師者⋯⋯

願意敞開心扉,以自己的經歷與學生分享成長中的得失;

嘗試「快快地聽, 慢慢地說」,專注傾聽學生的想法,無條件接納每一位,包括他們的情緒和觀點,不妄加評斷,為對方保密,為他們加油;

把課堂的論點聯繫到真實生活,挑戰學生們去深思、去應用;

與學生一起大笑、大鬧、大玩,相互之間鼓勵扶持。

漸漸的,生命的改變就會被捕捉到,例如⋯⋯

當學生準時上課,踴躍回答課堂上的挑戰題時;

當學生的眼神透出對知識的渴慕或露出取得進步的喜悅時;

當收到學生關切的 WhatsApp 短訊時;

當收到學生精心準備的驚喜生日禮物時。

這些不都是愛的付出與回饋嗎?這不正是主在我們中間,主在校園時嗎?

劍歌(同工)

僕人領袖是咁的!

同工說同學

"One day, in the course of a rambling lecture, he made a statement like this: "we are becoming a nation of large institutions... Everything is getting big—government, churches, businesses, labor unions, universities—and none of these big institutions are serving well, either the people whom they are set up to serve or the people who staff them to render the service. Now, you can do as I do: stand outside and suggest, encourage, try to bring pressure on them to do better. But nothing happens, nothing changes, until somebody who is established inside with his hands on the levers of power and influence, and who knows how to change things, decides to respond. These institutions can be bludgeoned, coerced, threatened from the outside. But they can only be changed from the inside by somebody who knows how to do it. Some of you folks ought to make your careers inside these institutions and become the ones who respond to the idea that they could do better."

Robert Greenleaf in remembrance of a lecturer influencing his career choice

SL-able

口述：朱惠琳（學生發展處）

朱惠琳：「學校雖然細，但同學反而可以實踐，我覺得呢個先係轉化位。有啲嘢可能好細微，喺中學都做過好多次，例如搞 Christmas party。呢啲小小位，畀佢覺得 possible，帶到啲 positive 嘅嘢畀身邊同學，唔淨係困喺失敗嘅經驗裡頭。」

右一：朱惠琳

僕人領袖是咁的！

Q：Kanis，在宏恩裡哪些人與事，你覺得流露出僕人領袖的精神？

我諗起我啲學生。

佢哋由乜都唔知，到付出，你會睇到佢哋用心建立一間學校，咁就呈現咗出嚟，唔只係字面上嘅理解。

[2015年]，大家都叫做初嚟報到，唔單只第一屆同學，第二屆都係，大家帶住一個唔開心嘅經歷，或者失敗嘅經歷，你同佢講 leadership，真係好遙遠。啱啱先經歷完 DSE 嘅挫敗；或者 High Dip，見到啲朋友可以入到 UGC 啲學位，自己就入咗一間名不經傳，雖然都係學位，但唔知出到去係咩世界。帶住呢份心情入嚟，我相信同學會有好多疑問。

用心建立一間學校

但我嘅感覺係，學校雖然真係細，但係呢度啲人會令佢明白咩叫 leadership，仲可以實踐，我覺得呢個先係轉化位。有啲嘢可能好細微，喺中學都做過好多次，例如搞 Christmas party。但係呢啲小小位，畀佢覺得 possible，帶到啲 positive 嘅嘢畀身邊同學，唔淨係困喺失敗嘅經驗裡頭。另外就係 Ocamp，同埋成個 202 室，啲學生落咗好大嘅力。我叫佢哋執嘢呀，邀請佢哋去宜家傢俬揀嘢，去清潔呀，點樣擺位，點樣用啲位，你會見到佢哋真係好積極咁傾。唔係為咗自己 benefit，仲會諗埋其他人，點樣 benefit 個 community。

第三章：同工說同學

有一個好舊嘅片段，就係學校頭幾個月，仲未有水機，二樓個水機都未有，要追到十一月。 結果我頭幾個月，啲水由四樓搬到二樓。本身我搬，但搬搬下學生自己搬，我覺得呢個係設計失誤。開頭每日搬幾 round 搬幾 round 落嚟，後來 Michael 呀 big 籠呀，見到我成日搬嚟搬去，之後就上嚟四樓自己搬，拍門自己攞水，開始自己 run。呢個情況維持咗兩個月，你會睇到佢哋肯做，同埋有感染力。啲水唔係淨係界自己飲，自己飲得幾多呀，我相信個 community 係由呢刻開始起。呢個係第一個回想返嘅片段。

我記得佢哋買梳化，想搵張瞓到覺嘅（笑）。 同埋塊牆個 board 點樣用啦，有啲嘢寫下呀，[同工] 諗過社區地圖呀、飲食地圖呀。我哋諗到呢啲 idea，但真真正正落手落腳做，都係佢哋、Eunice、彎彎整得好靚，佢哋暑假返嚟整。 我同佢哋講，希望新嚟嘅同學，可以認識到個區。

我幾開心嘅係，嗰種承傳。Ocamp 都係咁， [同學] 做咗啲嘢，下年點樣 benefit 到其他同學，傳界下一班同學，下一班又點樣傳落去。

傳界下一班同學

Servant leadership 我哋喺概念上讀咗好多，但緊要嘅係喺實踐上，點樣可以跨代，唔係老中青嗰隻跨代， 而係喺 senior 嘅同事身上，睇到喺呢間學校點樣實踐。

我成日都講笑話，最成功嘅 SDO， 係我唔使點做，可

僕人領袖是咁的！

以退去好後嘅位置，佢哋可以 run 晒，呢個就係最成功嘅 student development。咁樣都睇到佢哋有幾多能力，同埋互相支持。

我諗起 Michael， 大家都知佢 background 係點（編按：弱聽），一路走嚟唔容易，你點樣突破到身體上嘅障礙都唔止， 仲可以發揮。佢自己好少講呢部分，佢會 share， 但唔會放大。佢會話，係呀有限制，但人生依然可以好好。佢嘅經濟狀況，當然幫到佢做唔少嘢，但係同佢相處，去到 year three、year four，佢會唔同咗，諗梗點樣可以幫學校，喺做訪問嘅時候。 我成日講笑，佢日後會係捐錢畀學校起大樓嘅其中一個。你會聽到佢想做社企，佢有 business 嘅頭腦，加埋 social impact 入去，佢有咁嘅眼界。大家對佢嘅印象，同佢開頭入嚟唔同。去兩次實習，我都聽到佢有領受。佢之前做 student society，同同學有衝突，後嚟可以冰釋前嫌，大家都係進步梗。

我覺得係嗰種 transformation 蛻變， 僕人領袖係一個漫長嘅過程，但首先要係有蛻變嘅位，唔係天生就有。係一個成長，成班都好似 BB 咁萌芽，有種領導風範。

另外就係 Heidi 同 Hermann，兩個都好肯 serve。 嗰種不計時間，好肯帶後輩，提攜後一批。我開心嘅係嗰種承傳，願意傾囊相授。 例如 Ocamp，願意傾囊相授之餘，又畀空間人哋發揮。坦白講，佢兩個幫助 SDO 好多好多。 同佢哋兩個都好熟，知道入嚟宏恩前嘅經歷，唔係太愉快嘅學

習經歷，都會界你睇到蛻變。至少係呢幾年，攞到人生重要經驗。Heidi 佢好積極，去 Voltra，去一次唔夠，去第二次，第二次唔夠佢第三次，都唔知去咗幾多次。完全同佢 year 1 嘅時候唔同，好很突破自己框框，去試多啲嘢。第一次開 briefing，帶佢哋幾個去義遊嘅，好多嘢要提點，我自己都擔心。結果完全安全返嚟，下一年仲做籌委，變咗個經驗，真係帶到返嚟界同學。

其實仲有好多，我再講都得。例如阿樂、Eunice 嗰屆，佢哋嘅氣氛真係好好，學習氣氛都係。有佢哋喺 202，成個氣氛都唔同。佢哋就係後起之秀，加唔同嘅嘢喺 202。所以要認識 [僕人領袖]，真係要有人，太少呢，就睇唔到囉。佢哋成日喺埋一齊，一齊食飯。

阿普啦，好多突破；阿安都係，仲有阿鈺，嗰種 serve。

有班人想試一個方向

一班同學帶住唔係咁好嘅經歷入到嚟，你點樣讓佢哋明白其他嘢嘅可能性，其實好難。我話點樣 develop 佢，你行咁嘅氛圍，咁嘅環境，課程配合，其實好難做到。你教嘅科就好重要，assemblies 都係，我哋同學開頭爭取唔到。我哋求變，學生看在眼裏，學生肯去參與。你有功勞，創造到一個發聲嘅環境，造就佢哋，唔單止知識上，仲喺行為上。我記得你送米界佢哋，呢個真係好經典。我覺得好實在，個老師咁深信呢啲位，唔係淨係書本，放咗三個鐘 lecture 裏

僕人領袖是咁的！

面，完咗就係另一個人。我覺得咁樣，對學生嘅影響先至深刻。 我相信去到他朝，佢都會記得曾幾何時，讀緊大學時，有個老師送咗包米畀佢。同學都要睇到一啲人，唔單止係 senior，仲喺同事身上。

我嘅處事方式係，會話畀同學聽，我好多嘢都唔得，例如搬水，搬咗幾次就嗌哎呀哎呀。 同學看在眼內，我唔會高高在上。 好記得釘 board，我唔夠高，成日搵啲男仔幫手。唔單止搬嘢，有啲嘢我真係唔識，反而同學會知最好嘅方法係咩。例如搞 Ocamp，例如個流程，知道學生最鍾意係點玩。我唔係專登唔識，而係真係唔知，反而令到同學有機會發揮。我諗我係塑造啲平台，同埋資源畀佢哋。

Servant leadership 呢個字，我好耐之前已經聽，但係我嗰種體會，嚟到宏恩後真係諗多少少。 呢個字寫咗喺我哋好多文件上面，但係實行嘅時候， 可能會有自己嗰套。但係好感恩，身邊有一班人想試一個方向，配合同學嘅需要。 外國嘅經驗有外國嘅美麗，但宏恩都有自己嘅特色。

越諗越多人，好似阿 Joe，雖然最後冇讀；阿正都係，佢哋嘗試好多突破。 Concept 可能對佢哋好遠，但佢一路吸嘅時候，會知道呢個係畀佢哋創造嘅空間，嘗試去改變。

註：標題拆解——「SL (servant leadership)-able」，靈感源自潮語「Girl-friend-able」，即「一些適合做女朋友的女生」。

第三章：同工說同學

等了三十年

口述：李建賢（社工學院同工）

李建賢：「我記得呢個地方真係乜都冇，剩係班房呀啲廁紙咁樣。而個花園係乜都冇，剩係得空間，畀人行行企企，所以冇咩人用，冇乜花，更冇抬抬攬攬呢啲木板。」

僕人領袖是咁的！

嗱，我哋呢個平台花園呢，我係有個特別嘅感覺。同學一般以為我嚟咗宏恩三年幾四年，其實唔係嘅，我三十年前就已經嚟過呢度。當年我［由美國］返嚟香港行耐，香港大學持續進修學院（即係 SPACE）就開個新課程，專係畀政府嘅建築師、房屋經理呀，要佢哋上一啲公共行政課程，必修嘅。即係要佢哋補飛，唔剩係管房屋、管人呀、管政府啲問題。咁就開咗個新課程，請咗我嚟教，地方就喺呢度。

我記得個地方真係乜都冇，剩係班房呀啲廁紙咁樣。呢個花園係乜都冇，剩係得空間，畀人行行企企，所以冇咩人用，冇乜花，更冇枱枱櫈櫈呢啲木板。因為夜晚上堂，啲人都咬住個菠蘿包，走入課室跟住瞌眼瞓。

動手術似的園丁

哈，估唔到卅年後，我又走返嚟呢個地方，用返呢到。但係好唔同嘅地方，係轉咗另一個學校環境，特別呢個地方［指平台花園］，就真係靚好多。舖上呢啲木板啦，我唔識形容呢啲物料，好靚嘅物料，可以透水呀。另外就好多花，我估唔到呢度可以變成一個花園。呢啲花其實好多樣我都好喜歡，個問題係，小弟有限嘅生物學呢，只識兩種植物，一種叫洋紫荊，一種叫黃槐，因為中學讀生物時老師剩係教呢兩種。除咗玫瑰，其它成日見嘅都嗌唔到。

但係有兩個同學好有心。第一，佢哋好識得處理呢啲盆栽，我隨便抽一種植物，問佢哋係乜嚟㗎，佢可以話畀我知

乜名，同埋點樣栽培，所以我都上咗另一個生物堂。不過佢講完之後我都唔記得咗（笑）。仲有，佢哋開始唔係剩係買花，仲整理啲盆栽，好似新界嗰啲淨院呀，好靚嘅山水景，真係比得上嗰啲水平。後期呢，今年啦，就多咗啲玫瑰，有第三個同學仗義咁做啲玫瑰。我覺得好靚，靚都不得止，種玫瑰呢位同學，可以話係用醫生做手術嘅角度去處理啲玫瑰，鋪晒紙，好多工具，好多盆，然後慢慢整。我個感覺係，哈，究竟佢喺到做手術吖，抑或做園丁呢（笑）。點都好，如果一個園丁，種花可以種到外科手術咁精緻咁仔細，呢個花園由佢哋安排，我相信你都唔會有異議啦。所以呢個花園令我覺得好唔同，卅年前係乜都冇，宜家我發覺非常好。

風球後趕赴現場

仲有，嗰兩位男同學，試過有次打風，十號風球之後，我走返嚟睇下乜環境，原來佢兩個已經喺呢個花園收拾梗個殘局。仲有，唔只呢個花園，仲加埋樓下個門口，教會嘅西洋杉，幫手整理。嗰咋杉樹好靚，好高，教會外國個維修員，雖然都好高，但一個人做晒都好辛苦。

其實本來我有個計劃，將呢個平台轉成練武廳，打算擺個木人樁，位都諗埋，每晚五點零六點零就開壇，練下功夫，打下木人樁，又可以訓練下啲同學。不過我諗，木人樁得一個，不過諗到玫瑰同木人樁有啲相衝。人哋喺到嘆下茶，做下園丁，我就喺到乒鈴嘭呤打交，呼呼喝喝唔係幾啱 key，

僕人領袖是咁的！

最終都係冇提出嚟。所以個木人樁詠春嘅計劃，我收返落櫃桶底算啦。呢個地方，留返畀呢三個同學精心布置。

　　我自己認為，呢三個同學，學校最低限度要有個好好嘅獎勵，終極嘅 in-house service。喺佢哋畢業之前，學校要畀個合理嘅鼓勵，同埋認許。我唔講邊三個同學，但係大家都知，真係好有心，令到呢個環境啲人坐落去好舒服。對我嚟講，我經歷過三十年乜都冇嘅環境，同埋三十年後都有盆栽相當好嘅環境，呢個轉變令我感受好深。我會好認真推薦，學校應該畀呢三位同學終極嘅校內服務獎，有錢有禮物嗰隻，唔係求求祈祈畀張沙紙。因為佢哋真係花咗好多心機，就算講最低工資呀，都成三十七蚊一個鐘，佢哋喺呢度都唔知花咗幾多個鐘，剩係講十號風球之後，佢哋都花咗幾個鐘喺度啦。唔係錢嘅問題，而係你睇到一啲識花之人，鐘意同植物或者欣賞植物、欣賞生命嘅人，佢哋點樣花心機栽培一個環境，令到呢度變得咁有生氣，而唔係一個沈悶嘅空間，我覺得學校應該有恰當嘅認許。

第三章：同工說同學

202 集氣室

文：許惠如（輔導員）

許惠如：「輔導改不了歷史，沒有奇蹟般突然痊癒，傷口仍會留下疤痕，可是那一份痛，同時帶著『捱過了』的力量。你的故事背後定有彩虹，終有一天成為你們的內在資源，化作別人生命的祝福。」

僕人領袖是咁的！

　　我在宏恩的座位可能是怪怪的。我們的校園不大，平衡各方面後，最後選擇了 202 室——亦即學生活動室。輔導員慣常在隔離室等人來，現在融入於同學出出入入的地方，反而造就了 causal talk。一 talk 就六年了，你們大概並不知曉，這些年來，我一再從大家身上看到一份僕人領袖的精神。

要錫自己多一點

　　但首先要洗擦眼目。不少人都會墮進一個「律人嚴、律己寬」的陷阱，宏恩的同學卻倒過來，很懂得欣賞別人，對自己卻十分嚴厲，總會放大自己的不足。這很不利，因為正正來到宏恩的學生在讀書路上並非一帆風順，帶著「挫折」走到這裡。可幸的是，這所校園讓大家一起重新起步，過去六年，我見證著你們一個又一個學懂了「錫自己多啲，對自己公平啲」。慢慢地，各人都用同一副欣賞別人的眼鏡看待自己，女的變得更漂亮，男的變得更帥氣！我從大家身上亦有所學習，當我兩個女兒互相比較的時候，我就對她們說：「天父做人總會給予每個人有不同的特質和能力，其實你們已經做得好好！」此刻，很想將這句話送回給你們每一位。

　　有了一雙和善的眼睛，也要一對靜悄悄的耳朵。過去六年跟大家相處，最深刻的時刻就是去 camp。每次去，體力上的要求都很高（畢竟我不是年輕人了），預備的物資亦多，但每次我從你們身上都有所得著。很開心見到你們真誠的分享，那一份「真」很可貴，沒有對錯，沒有好壞。大家彼此

單單的專心聆聽，接納他與她的故事和眼淚，若有回應，也只是簡簡單單的。知嗎，聆聽比說話更重要，專心的聆聽已是最好的回應！我敢說，你們的真誠成就了彼此的成長！

你的背後定有彩虹

最後還有一雙甘願駐足的腿。聆聽你們一人一故事，讓我知道輔導不是技巧，而是陪伴。當你們願意分享，讓我可以陪伴你們走過，或許這就是你們踏出關懷自己的第一步。輔導改不了歷史，沒有奇蹟般突然痊癒，傷口仍會留下疤痕，可是那一份痛，同時帶著「捱過了」的力量。輔導是一個陪伴大家不斷發現的過程，發現多少的決定權永遠也在你們手中，甚至發現自己不想發現也是一個發現！按自己的步伐走下去吧，但願你相信，你的故事背後定有彩虹，終有一天成為你們的內在資源，化作別人生命的祝福。

牢牢記得，我第一天來宏恩的時候，是我剛剛放完產假的日子。現在要離開了，沒有太多不捨，有的只是感恩。因為，我深深相信，你們的力量可以為自己、為別人，以及世界多做一點點。一想到此，我就滿有生氣和好奇，這亦是我初來宏恩時的心情！

僕人領袖是你的！

來到宏恩第一件需要幫助的事，就是如何連接 Wi-Fi。當時 Annie 積極走過來，教我們如何登入。Annie 還未講完，Orientation Day 活動快要開始，我只能匆匆趕赴現場——如此情景，就像現在的我畢業了，Annie 也離職了。我們沒有正式道別，但她總在身邊支持的畫面，一直都在心裏。

畢業後，我仍繼續思索僕人領袖的特質，但總覺得不懂。在實習期間，我總是做了僕人的部分，卻沒有成了領袖。作為一位討好型人格而言，要堅持自己的想法實在太難太難。不過，就如 Annie 所講，愛自己多一點才是最大的功課。在面對僕人領袖這個課題前，也希望大家好好認識自己。

太顧念別人的同學要找出你心中的信念，守住底線，承擔錯誤的責任。儘管課程教授的內容往往要求大家付出自己，我更認為，僕人領袖要不斷在自己心中儲蓄愛，建立空間，才能讓我們向他人付出。

慶幸在畢業後，疫情期間也曾經回校，在 202 室吹下水，親耳聽到 Annie 要離開的消息。今年是離別年，照例都唱返首歌賀下佢：「走先啦，係咁先啦，下次再玩啦！」

謝謝 Annie，下次再玩啦！

黃穎茵（2016 社工學系）

第三聲：同工說同學

同學寫同工

Lord give me the strength to do your work.

Free me from my deeper violence.

Clear my mind to hear thy voice.

Clear my speech to convey thy word.

Give me the sense to serve where you want me to serve.

Help me to keep in contact with thee under stress.

Help me to hear and speak thy word under stress.

Make me a loving, feeling, warm person.

Help me to be gentle and constructive.

Give me the strength to withstand evil.

A prayer written by Robert Greenleaf

滋潤心田的一句話

文：董嬌嬌（2018 幼兒教育）

董嬌嬌：「宏恩的大門寫上 "KA CHI
BUILDING"，"KA CHI"（嘉智）是 "Gratia"
的拉丁文發音，意謂恩寵。龐教授教會我
的，正是感恩，一份強大的力量。」

你留意到宏恩的大門寫上 "KA CHI BUILDING" 嗎？ "KA CHI"（嘉智）是 "Gratia" 的拉丁文發音，意謂恩寵。能在宏恩學習，於我是神此刻給予的大恩寵。

不知不覺，在宏恩已經來到第二個年頭。我一年級生時被選為班代表，和班主任的接觸亦較頻密。去年四樓的教員室剛剛裝修完工，不少教職員都要搬遷物品，班主任邀請了我為學院裡比較年長的老師搬書。當天工作印象最深的是，龐憶華教授一直說很感謝我的幫忙——然而，他並不是我當天幫忙過的教授。我沒幫他，為什麼他會向我連聲道謝？感覺真的有點莫名其妙！

莫名其妙的感謝

後來，有老師要求我去指導一位學習上遇上困難的同學，碰巧龐教授路過看到，往後便一直說很感謝我的幫忙。我沒幫他，為什麼他再次感謝我呢？我心裡開始反思，或許他是以基督徒的身分，時時刻刻記著自己基督徒的責任，心存基督的大義說出來的。

莫名的感謝，深深地感動了我，但也襲來絲絲的慚愧。我突然意識到，儘管自己是一位基督徒，卻對幫助別人不甚積極，也不特別投入。就算參加教會主日，也是形式化地完成任務。過去一段日子，亦要平衡工作、家庭以及求學，早已忙得不可開交，對身邊發生的事冷漠得已如止水。然而，本已退休的龐教授仍保持著一份熱忱，這份精神影響了我，重新拉近了我與神的關係。

僕人領袖是啱的！

　　此事以後，我的校園生活起了變化，除了更主動跟同學交流，對身邊有需要幫助的人，也不吝於伸出援手。基督曾說，「你們白白得來的，也要白白分施」，這話彷彿在我的心田上萌芽。

　　宏恩這個地方，成就於基督無盡的恩寵。龐教授教會我的，正是感恩，一份強大的力量。這裡的人大多擁有信仰，但願我們時刻感恩，讓其生活化，共同為這個大家庭作出一分貢獻。

　　宏恩的這些年，將是我人生的特殊回憶。因為我們的小，人與人之間的關係更加密切；因為我們的小，團體中更能體現家庭成員的互相扶持。和其它八大學院相比，宏恩的小，從另一個層面倒體現了她的大。

第四章：同學寫同工

回應

睇完嬌嬌分享，讓我回憶返 year one 嘅點點滴滴。我哋上 Pang Pang 堂，佢講釋所有嘢都好 detailed。我哋功課有唔明、好迷茫嘅時候，佢會停低，逐個 point 解釋，逐個 step 教我哋完成功課。當我哋同學之間喺功課上有爭拗，都樂意化解我哋中間嘅矛盾。其他學校好少有呢啲情況出現，因為太多人，老師根本唔會有時間照顧每一個學生。

另外，嬌嬌喺文章講到，因為學校係基督教嘅關係，喚醒佢基督徒身分，要行出佢嘅道，例如點樣幫助人。呢樣嘢我都深深感受到，嬌嬌本身係我同學，我喺功課上唔識，都大大幫助我。我真係好感激佢，真係無私嘅愛，不求回報。

呢間學校最令我欣賞嘅地方係，因為佢細啦，人與人之間相處得好，團結嘅力量好大。

刑樂瑤（2018 幼兒教育）

僕人領袖是咁的！

文章的作者和文中的主角都是我所認識的。作者從老師莫名其妙的一句道謝中，反思自己基督徒生活的虧欠，是件多麼有福的事。常言道，一句美好的話能造就人，在這裡正正體現出來了。每次看見龐教授都給人一種和藹親切的感覺，在學習上問他問題時，他總是認真聆聽和細心分析去回答，時時把別人的事情放在首位，讓人有被尊重的感覺。

曾聽人說，某某大學的教授很冷酷，他們不關心學生的需要，只管教完自己那科就完事了。對比之下，很慶幸我們學校有龐教授這樣的老師，學院雖小但溫情處處，龐教授把老師的樣式帶到生活中，常常把禮貌用語掛在嘴邊，不管別人是否幫助他，他總是欣賞別人的付出並感謝他們，相信龐教授的行為不僅僅影響到作者一人，最少我也被感動了。

梁惠玲（2018 幼兒教育）

回應

我對 Pang Pang 都有啲熟悉，覺得佢好有年資，對同學都好好。一次我喺 corridor 經過，見到 Pang Pang，佢好關心學生，唔會有種距離感。佢都記得我，雖然佢教過好多人，我覺得好親切。雖然我哋 High Dip，佢同我哋同埋 degree 學生都打得埋。雖然佢年紀有啲大，但睇得出同學生關係好好，好關心學生。喺授課時，好著重我哋程度，有時會邀請嘉賓嚟。佢係一位好好嘅老師。

還在我來宏恩不足一年，也許是日子尚短，坦白的說，我並未遇上什麼刻骨難忘的事，讓我感受到僕人領袖的精神。準確的說，我不太認識「僕人領袖」是什麼。不過，現在的我稍微掌握多一點了。

讓我體會何謂「僕人領袖」的人，是位老師。他並不是高高在上，倒如同行者，無分你我，無分彼此。

詹丹妮（2018 幼兒教育）

僕人領袖是咁的！

治療系老師

文：劉靄欣（2017心理學系）

劉靄欣：「如果我是綠葉，那麼你就是水了。上善若水，綠葉現在因為有了水的灌溉後，也在這校園展開一片生機，慢慢成長。」

第四章：同學寫同工

　　還在我來宏恩不足一年，也許是日子尚短，坦白的說，我並未遇上什麼刻骨難忘的事，讓我感受到僕人領袖的精神。準確的說，我不太認識「僕人領袖」是什麼。不過，現在的我稍微掌握多一點了。

　　讓我體會何謂「僕人領袖」的人，是位老師。他並不是高高在上，倒如同行者，無分你我，無分彼此。

從抽離中呼吸氧氣

　　有一次，我看見身邊的同學面露難色，神情似是不忿，甚至紅了眼激動起來。當下，我不知如何是好，只能焦急地瞧瞧四周，看看有沒有人能幫助。無助的感覺揮之不去，心也因急躁而跳動不止。急於尋求幫助的我，不停踱來踱去……。

　　忽然，我在走廊的盡頭看到另一個身形。頃刻，紊亂的心定下來，因我曉得事情很快便會得到解決——就是他這一位老師，形象親切，話語也總帶著治癒力。這種預感果然應驗，那個同學跟他交談過後，很快就言笑晏晏的走開了。

　　這也勾起了我初來宏恩報到的回憶。在這陌生的環境，身邊沒有熟悉的朋友，我很不安，不禁封閉自己。在早會時，會選擇遠離講台的位置；在課堂上，則挑離門口最近的座位。甚至午息，亦寧願出外堂食，為的是避免接觸或遇到校內的師生。日子雖悶，但我在抽離中找到一絲安全感。

　　不過，這不健康。

僕人領袖是啱的！

滿帶醫治大能的說話

　　終於，我嘗試跟上述提到的老師談談我的問題。他說：「每個人都有未適應的時候，不用強迫自己，但也不要封閉自己，慢慢接受，漸漸改變。」聽完他一席話後，我的不安，還有一份隔閡感，彷彿慢慢消弭。事實上，那次以後，我在校園投入更多，對身邊的人也開始上心，不再一放學就馬上回家，有空也會蕩到 202 室（編按：即學生活動室）坐坐。他的說話治癒了我，改變我的心態，讓我告別冷漠，抹走心裡的孤單。

　　是與生俱來的能力吧，不然怎可如此舒人心扉？在他面前可以暢所欲言，任憑你吐多少苦水，善解人意的他從不打斷。他只會悄悄地聽，細聽你每一句。我看過不少原先還一臉愁容的學生，跟他暢談過後，或多或少都能夠一展歡容。

　　又有一次，我遇上一個上堂的煩惱。想傾訴，又不知該找誰。最後，還是找了他。見面初時，我渾身繃緊，因為以往很少主動向人傾吐。我說話時，看着他認真聆聽的樣子，心裏不由得感嘆。我得說這裏所形容的「認真」，並不是指他一臉嚴肅，面無表情地看著我。相反，我在他眼神中讀取到專心，一心一意聆聽我的心事。我知道人人都能聽，但並不是人人都懂得聆聽。這位老師，當時就像一位故友，靜靜的聽，偶爾補一兩嘴，使我可以繼續娓娓道出我的故事。剎那，我像在炎夏裡口乾時灌下一杯清涼的水，「咕嚕」一聲，內裡暢快無比！

第四章：同學寫同工

　　在他身上，有聆聽，有同理心，話語間還帶着治癒心靈的力量。想來，這就是僕人領袖的特質了。

　　也許你不知道我是誰，但是我由衷感激遇上你——Kanis，謝謝你！

　　如果說我是綠葉，那麼 Kanis 就是水了。在我認識你的兩年間，你給我的話語以及支持，我會牢牢緊記。不是你，我不會參加 ICAC 大使計劃；不是你，我不會參與學長計劃；不是你，我不會帶著信心參與這一切。上善若水，綠葉現在因為有了水灌溉後，也在這校園展開一小片生機，慢慢成長。

僕人領袖是咁的！

十萬個第一次

文：梁彥君（2015 商學院）

梁彥君：「佢好願意放開手畀我哋試，唔係唔理，而係做到所謂 leading from behind，做我哋最後、最強嘅後循 support 我哋。原來，喺試嘅過程入面，慢慢就嘗試實踐僕人領袖。」

第四章：同學寫同工

入嚟宏恩讀書，我當然預咗識新朋友，但冇諗過嘅係，居然識到 Kanis。佢跟其他同學唔同，係個 manager，主管學生發展事務，不過相處落，就好似 friend 咁好舒服。對佢最深嘅印象，係佢好願意畀我哋試。

做我哋最強嘅後循

因為 Kanis，我哋有好多機會創造宏恩嘅第一次。例子真係一籮籮，包括：第一張由學生整嘅 poster、第一個聖誕 party、第一個 Ocamp，以及第一次用遊戲任務 recruit committees 等等。佢畀好多空間我哋發揮，活動內容細節可以由我哋自己設計、協調同安排。Kanis 好多時做嘅嘢，就係 back up 我哋，充當我哋強大嘅後循。有時同學開會傾耐左，佢會突然送上食物或者飲品；我哋有疑問或者需要資源 support，佢就會提供意見，幫我哋搵下 sources。

其中一個改變咗我大專體驗嘅 source，就係 Kanis 介紹咗「義遊」（Voltra）活動畀我哋。當時，佢邀請咗 Voltra 嘅負責人嚟分享，我一聽簡介就想去啦，一嚟覺得去其他地方做義工呢件事幾有意義同好玩（又可以順便去旅行 :P），二嚟又可以用創校基金嘅獎學金作旅費，終於就膽粗粗去報名。不過，報咗名買埋機票之後，真心緊張嘅，要自己一個飛去柬埔寨，十萬個擔心自己搞唔搞得掂，又驚好危險。Kanis 知道我驚青，就同我分享佢曾經喺尼泊爾做義工嘅經歷，出發之前，更特登安排 briefing，甚至往後喺旅途上

僕人領袖是咁的！

WhatsApp 關心，一切一切，都好感受到佢嘅支持。

只想令呢度變得更靚

義遊經驗，真係可以記一世。我返嚟之後，Kanis 鼓勵我跟同學分享成個過程，講講下，原來自己好想激勵大家嘗試一下出國做義工嘅體驗，好似我咁留返個記一世嘅經歷。更重要嘅係，我發現自己愈嚟愈想喺宏恩為身邊嘅人多做啲事，令大家身處嘅地方更好。

課堂上，我哋聽唔少僕人領袖嘅嘢，有咩特徵啊，有啲咩名人做到啊，基本上聽完都有諗過點樣實踐。但原來呢樣嘢好簡單，就係當我哋所做嘅係從心而發，願意服侍其他人，願意關心佢哋嘅需要，願意同佢哋分享，唔計較付出得失，唔係為咗得到稱讚，其實會慢慢影響到身邊嘅人。

其實，喺宏恩幫手搞各種活動，或者提出意見，好多時都係為咗令個校園舒服啲，等大家嘅校園生活開心啲，留多啲值得回味嘅回憶。當中，Kanis 好願意放開手畀我哋試，唔係唔理，而係做到所謂 leading from behind，做我哋最後、最強嘅後循 support 我哋 。原來，喺試嘅過程入面 ，慢慢就嘗試實踐僕人領袖。

宏恩有種特別嘅親切感，可能就係因為大家都有做僕人領袖嘅潛質，加上背後有有心人 support，心無雜念，只係想令身處嘅地方變得靚啲，更靚！

第四章：同學寫同工

喺宏恩由參加 Ocamp 開始，一直見到 Heidi 喺唔同活動幫手，好似任何地方都會見到佢身影咁，哈哈！我都好慶幸認識到 Kanis，幫手帶第一次 Ocamp，搞第一次 Christmas party。亦因為咁，就多咗機會跟 Heidi 同其他老鬼彼此交流。

我好同意 Heidi 所講，每一個人都有潛質去成為僕人領袖。宏恩嘅氛圍，的確能夠培養我哋嘅潛質。

喺我眼中，Heidi 係個十分謙虛、聰明兼且善於同人合作嘅女仔。但我更加欣賞嘅，係佢喺背後為人同為活動所花嘅心力。佢有一個敏銳度，體貼人嘅需要，為別人服務。即使 Heidi 成日同我講，佢講嘢冇我咁叻，冇我咁識搞氣氛去 lead 人，但我睇到佢 leading from behind，好多時不知不覺帶界別人祝福、溫暖同關愛。呢種舉動，有時候比搞氣氛同識講嘢嘅力量更加強大！

劉顯耀（2017 社工學系）

僕人領袖是咁的！

發芽癢

文：盧啟進（2015 社工學系）

盧啟進：「現在到了大學最後一年，我開始問自己，是否容許這種生活持續下去？我決定踏出一步，闖出一片天。」

三年前入讀宏恩，我只是一個普通的人。

牢牢記得當時校長跟我說的一番話：「宏恩家庭歡迎你，希望你可以好好享受讀書。」

這是一個動力，令我知道自己像一粒種子一樣等待發芽。

每位老師都有僕人領袖的影子，為我們灌溉、施肥，甚至除蟲（除去我們一些壞習慣）。雖然宏恩校園比較細一點，學校所有人的關係卻變得更加緊密，甚至每一張臉都可以認出來。我們可以隨時請教老師，每日返學也可跟正在努力打掃的姐姐講聲早晨，放學又可找找 IT 部門的人吹水⋯⋯。

我看到同學也在悄悄地實踐僕人領袖。例如，每日 lunch 之後，我們會將飯盒放入地下的統一垃圾桶，如果過了垃圾桶放置的時間，就多行幾步拋掉。又例如，誰先回到 202 學生活動室，誰就幫手為熱水壺加水。

我也有不少的轉變。從前，我會留在舒適圈，每日生活就是返學放學、練波、拍拖、研究波鞋等等，生活可謂比較休閒。現在到了大學最後一年，我開始問自己，是否容許這種生活持續下去？我決定踏出一步，闖出一片天。

近日，我參與了 2019 Asia Pacific Deaf Game 的籌委會，擔當場地部門「阿頭」。雖是阿頭，但我再三提醒自己不可高高在上，而是與團隊一齊流汗，一起在團體裡成長，發揮各人的所長，讓事情變得更加順利。你可能會問，如何在學業和這份工作之間取得平衡？我會回答，回想初衷。猶記得

僕人領袖是吼的！

當初決定讀社工，就是希望讓社會上更多的人關注聽障人士的需要。運動會是個好好的機會，讓公眾人士知道我們聽障人士也是有能力的。

也許，我曾在人生旅途上迷失，宏恩卻提供一個十分特別的平台，激發各人尋覓及發揮自己的潛能。

回　應

Michael 給人的印象，是個無憂無慮、自由自在的人。認識他時，礙於背景、性格十分不同，我倆有相當多的磨擦，所以平時沒多合作。但在數年的相處及實習的合作中，我逐漸感受到他轉變，由專注在自己的生活，到希望為人付出，最後甚至努力成為一個領袖。當中的改變，確實不易。僕人領袖從不簡單，希望各位同學除了追求輝煌的成績，亦從心學習成為一位僕人領袖。

吳本為（2015 社工學系）

當冰山遇上火

文：林潤玉（2016 社工學系）

林潤玉：「他很會打招呼，而且打得非常主動。為了讓學生跟他打招呼，他會用盡所有『法寶』，包括走到你面前刻意打，生怕你見不到他似的。」

僕人領袖是咁的！

如果青年人是塊冰山，他就是一團火，深信自己的熱情
能夠把他們一一融化。

他說：「現在的年輕人不太懂得禮貌，見到熟悉的人不
會主動打招呼。」

他就不同，很會打招呼，而且打得非常主動。為了讓學
生跟他打招呼，他會用盡所有「法寶」，包括走到你面前刻
意打，生怕你見不到他似的。如此執著，在他上班的每一天
都發生。他的熱情深深地打動了各人的心，風靡宏恩不少少
男少女。漸漸地，我也主動和他打招呼；慢慢地，連我也習
慣和別人打招呼。

把我們當成自己的孩子

他的話帶有「醫治」的能力。有次，我在電腦室趕功課，
當時他快要下班，然而他走過來問：「做晒未啊？」他的語
氣不能用「親切」來形容，但這樣一問卻讓我感到溫暖，因
為他沒有趕我走。

又有一次，到了交功課的繁忙日子，我和同伴在學校埋
頭苦幹，做功課到傍晚七點還是一頭霧水，見到他時就傻笑
說：「要等多陣！」

「畀多半個鐘你哋啊！」他故作冷酷地應。當下，我和
同伴好像得到金銀珠寶那般高興。最後，我們差不多八時才
離開學校。他在關好燈、鎖好門之際，不時提醒我們：「返
去要小心啊！最好兩個人一齊行會安全啲！」他聽說石硤尾

近日有色魔，擔心我們的安全。

在他心坎裡，早就把宏恩的學生當成自己的孩子。他留心觀察每一位學生，甚至對每位學生的性格瞭如指掌。他會勉勵貪玩的學生，叫他們勤奮讀書；他會開解心情不好的同學，適時給予合適的回應。真的奇怪，好像什麼事都逃不過他的「法眼」！

聖經說：「智慧人的舌頭卻為醫人的良藥。」他就是宏恩的智慧人——Ricky 哥或叔叔，每天都做着同樣的「傻事」，中氣十足地和同學們打招呼，設身處地為同學着想。

僕人領袖是咁的！

宏恩有個麵包超人

文：劉潔迎（2015社工學系）

劉潔迎：「佢做事唔會怕蝕底，工作認真，對身邊嘅人和藹可親。就好似麵包超人，即使畀人食咗自己嘅麵包會無咁有力氣，只要能夠幫到人，都會毫不猶豫去幫對方。」

每次返嚟宏恩，一入門口望向右手邊，第一個同我打招呼嘅人一定係 Ricky 叔叔。

到咗食晏出去買飯或者放學行落樓梯，第一個同我打招呼嘅都會係佢。我留意到 Ricky 叔叔真係金睛火眼咁睇實門口有邊一啲人出入，連食飯都睇實個 CCTV，睇下大家會唔會有事需要幫忙。

比社工更社工

佢每日都係最遲離開宏恩嘅一個。每次當我喺學校開會或者討論功課，佢都會同我哋講，「唔緊要你哋慢慢傾，唔急嘅知道你哋忙」。老實講，有幾多個打工仔唔想放工即刻返屋企喇，但 Ricky 叔叔就將他人嘅需要放喺首位，寧願自己遲啲放工。

我相信唔少人都認為男性係一定無女性咁細心，但 Ricky 叔叔就特別唔同。好多時，同學仔無返或者病咗佢都會留意到，見到我哋都會好關心我哋近況。唔單止咁，佢會願意花時間同同學分享人生閱歷。佢絕對唔會用長輩嘅身分強行將佢自己嗰套洗我哋腦，佢會用心同我哋分析、拆解，而且仲好明白時下年輕人嘅諗法添。我成日都懷疑佢讀過社工課程，佢比我以前接觸過嘅青年中心社工更似社工囉。

老實講，呢一代好多年輕人都不能再接受從上而下的權威式領導。一位善於聆聽、甘於服侍、識得彼此尊重和勇於承擔嘅領袖更能吸引別人嘅追隨。

僕人領袖是咁的！

權威式領導不合時宜

喺我心目中嘅僕人領僕，係要了解別人嘅需要，體諒別人嘅難處，願意用服侍嘅心與同行者嘅身分與別人同行；用自身行動去影響別人，能夠引導別人發揮自己嘅潛能。

我認為 Ricky 叔叔擁有晒以上嘅特質。佢做事唔會怕蝕底，工作認真，對身邊嘅人和藹可親。就好似麵包超人，即使畀人食咗自己嘅麵包會無咁有力氣，只要能夠幫到人，都會毫不猶豫去幫對方。

睇到佢為大家做嘅事令我對自己以往嘅工作態度亦有所反省。唔單止咁，同佢閒談亦令我哋有所成長。同佢唔會有對其他長輩傾偈嗰一種壓力，佢嘅說話永遠都係充滿鼓勵性，令我覺得自己係仲有能力去發揮無限嘅可能性。

Ricky 叔叔令我睇到人嘅真善美。日後，我希望能夠同佢一樣可以用自身嘅力量去為他人帶來多一點幸福，作他人嘅僕人領袖。

第四章：同學寫同工

大叔的愛

文：潘柏豪（2016 社工學系）

潘柏豪：「校務處有一個奇奇怪怪的中年男人，每次放學途經那裡，他總會隔著玻璃跟我對一下眼，有時甚至嘴角上揚笑一笑。」

僕人領袖是啪的！

來到宏恩讀書，我一直都很在意一件事。

校務處有一個奇奇怪怪的中年男人。先是年紀，這名男子實在與校務處內的年輕同工差距太遠，對比鮮明。再說第一印象，我會用老練來形容，一看就有「老江湖」的感覺。

這位大叔是誰？

每次放學，當我經過校務處，他總隔著玻璃跟我對一下眼，有時甚至嘴角上揚笑一笑。更弔詭的是，他會堅持跟我揮手，好像老早就認識我一樣。他一頭蓬鬆白髮，乍看還以為是個住石硤尾的街坊。出於禮貌，我只好尷尬地裝一裝笑，氣氛凝重地一步一步走出校門。當時的我真的感到莫名其妙，畢竟我還未有時間弄清校內的人物關係——這位大叔是誰？

然而，這是陌生中的親切。猶記得剛剛入學，同學之間不太熟悉，關係仍未好好建立，可謂人地生疏。我一上完課就會拉好書包，馬上拔腿離開椅子，像小學生一樣疾馳樓梯，直衝到學校門口。

但不知怎的，我和這「街坊」竟然慢慢建立了一種習慣。他跟我揮手道別，儘管莫名其妙，我卻有樣學樣照做，直至如今。這大概就是感染力吧。每次想起與他這種搞笑的開場白，人也醉了。

「工欲善其事，必先搵 Ricky。」這句話捕捉了我對這位中年男人的感受。Ricky 是宏恩的管家，無論是學校的大事，抑或同學的小事，他都一絲不苟地看待。每晚大約七時，

第四章：同學寫同工

他就拎住一串鎖匙逐層巡邏。

接下來又怎樣？

　　他不單會把學校的大門鎖好，更曉得怎樣打開同學們封閉了的心窗。有時候聽 Ricky 話當年（包括浪漫史和做海關的「威水史」），雖然彷如聽著老海鮮說人生道理，但是一點也不討厭！

　　原因之一是他夠風趣幽默，但除此之外，是他每次說自己的故事之前，總會專注地聆聽我們。有次，同學們坐在一起談到愛情的失意和家庭的難處，Ricky 就很直很白地說出了大家的心聲——「未必每個人都有過初戀，但每個人都一定會失戀。」他說，自己亦體驗過失去摯愛的憤怒，明白失去親情、友情或愛情的感受，一時間的確難以接受，這就是人生無奈之處。聽著聽著，十足十是對沉迷戀愛的無知男女的一種告誡，但我們卻變成好奇心滿滿的小朋友，很想很想追聽下去——「接下來又怎樣啊？你怎樣去面對啊？」

　　大家都很期待知道，今天的 Ricky 是如何煉成的。一想到此，他老土的大道理卻有效地說服我們，教我們要向前看，要好好讀書，更要用力地去變得堅強。他透過自己一路走來的經歷，嘗試治癒我們，不知不覺當了僕人領袖，帶領我們成長。借助他的經驗，我們不憂不懼地去打開人生新的一頁。

僕人領袖是咁的！

雖然我未聽過 Ricky 哥嘅浪漫史，但同佢共事都有一段時間，喺佢嘅言行舉止中，可以感覺到佢好顧家。每次同佢坐車一齊走，佢都會好窩心咁同家人講，回梗家可以準備開飯。同埋，每日佢食佢嘅愛心飯盒時，都流露出好滿足嘅樣子，仲時不時會講「我好愛我老婆」。所以，佢真係名符其實嘅鐵漢柔情！

歐陽啟麟（IT 部同工）

柏豪是社工學會的主席，在分配工作或者下決定前都會先問委員意見，以及考慮別人的難處，並根據他對那人的認識，考慮是否把重擔放到別人身上。

作為一個學會主席，他懷著一顆柔和謙卑的，令跟隨的人都十分信服而且敬愛。他常常與大家玩在一塊，但心裏又有崇高的想法，喜歡分享自己對社會的獨到見解，並在日常生活中啟發我們。所以，他將來肯定是個好社工和好領袖！

朱頌安（2016 社工學系）

第四章：同學寫同工

當你崩潰時會想起誰？

文：蔡展樂（2016 社工學系）

蔡展樂：「在討論時，我看到一個平日甚少見到的老師，一個沒精打采的人。我一開始就發現他的雙眼不同了，他在課堂中傳授知識時一般都是炯炯有神，但當天他的眼中佈滿紅筋。」

僕人領袖是咁的！

上學期尾，發生了一件觸動我的事。

當時我和組員忙著準備一星期後的小組報告，我們碰到不少棘手問題，再三把做好了的內容推倒又推倒。而多次的重做，雖然一方面令我們對題目的認識加深不少，但另一方面亦令我們感到十分崩潰。因此，我們決定找 Mark 哥討教。

Mark 哥是一位無論理論基礎或者實戰經驗都十分豐富的長輩。我們要學的理論早已融入他的血液，透過分析和講解不同的案例，將其豐富的人生體驗在課堂中傳授給我們。Mark 哥也是一個仁慈的人，從不介意為充滿好奇心的我們，詳盡地講解我們感到疑惑的地方，就算在課堂以外的時間，都會樂意解答。然而，要滿足好奇心滿滿的我們並不容易，Mark 哥會先盡力理解我們問題的根本所在，才用平易明白的方式，加上不同的例子表達出來。

他的雙眼不同了

那天尋求 Mark 哥指導，他事前已上了三小時的堂，但他依然拖著疲憊的軀體，為我們驅疑解惑。在討論時，我見到一個平日甚少見到的 Mark 哥，一個沒精打采的人。我一開始就發現他的雙眼不同了，他在課堂中傳授知識時一般都是炯炯有神，但當天他的眼中佈滿紅筋。這是身體最直率的反應，訴說了一個人有多疲累。

但他依然堅持。大概一小時後，Mark 哥的聲音開始沙啞，動作靈敏度比起平日為我們表演功夫時可謂差天共地，

第四章：同學寫同工

反應亦慢下來。他努力回答我們的問題，去到後段，累得一種站著都能睡著的感覺。他一一解答我們的問題，更在我們迷惑時引用不同的例子說明。直到晚上七點左右，我們就如被打通任督二脈的學武之人一樣，雖然還未可用「融會貫通」一詞來形容，但已足夠我們梳理一個明確的方向繼續探索。

老師也是人

根據過往經驗，Mark 哥總會在瀟灑地離開之前一邊微笑一邊隨口溜一句：「有咩唔明就繼續問啦。」但這次的對白卻改為：「今日傾到呢到先，有咩聽日再問啦。」從句子的轉變，我充分感受他的疲累，亦因此感到一點內疚。有人會話：「呢啲嘢係老師份糧包埋㗎！」但老師也是人，不是機器。做人老師甚艱難，做一個為學生著想又負責任的老師更不容易。每一節課都會消耗老師大量精力，Mark 哥如是，其他老師如是。為了我們成長，他們的付出值得我們好好記住，並要在能力範圍內作出回報，無論小至熱情地多打幾個招呼，或大至傳承他們的志向。我深深相信，老師們會因著對我們有正面的影響而感到欣喜。

授業從來都不是一件輕鬆的事，記得有老師說過：「領導，是一個影響別人的過程。」（Leadership is an influence process）我們都在影響別人的同時也被別人影響。十分慶幸有 Mark 哥這位生命導師，在我們探索世界的時候樹立了美好的榜樣。

僕人領袖是啱的！

學院的規模雖小，但當中的人情味非常濃厚。如果在其他大學讀書，很難想像與教授進行對話及表達自己的疑問。相反，在宏恩裡，大家好像一個大家庭，老師如同我們學習旅途上的同行者，學生可以隨時找他們交談，甚至一起飲茶聊天，一起看足球比賽，亦師亦友。

孫志恆（2015 社工學系）

Mark 哥的而且確是一位好教授，熱衷教學，又享受與同學相聚。他也是我畢業論文的督導老師，在我撰寫期間，因遇上疫情爆發，令我驚惶失措，很多預計的工作受到影響。在我徬徨無助的時候，他給了我很大的鼓勵和協助，耐心地指教我，令我在驚惶中也找到一點平安。
即使我已畢業離開，但每當回到學院遇見他時，那溫柔的問候——「同學，最近點啊？」——令我有種重回課堂，憶起過去在堂上輕鬆分享、吵吵鬧鬧的討論時光。

盧彥洋（2016 社工學系）

第四章：同學寫同工

貼近你的小羊

文：林潤玉（2016 社工學系）

林潤玉：「我甚至懷疑他是『超人』，我們去珠海交流，他通宵達旦看完球賽，沒休息就來送行。在他身上，我目睹了兩個『真』：待人接物的真誠，及對工作的認真。」

僕人領袖是啱的！

Mark Li 教書，感人肺腑，從沒因教授的身分而拒學生於千里之外。

他見識廣博、見解獨到，開會時不時一鳴驚人，讓人茅塞頓開。有一次，不同學系的學生都提出實習的渴望，但要滿足這個要求，學校得要多找機構，大大加重了職員的工作量。Mark 提議不一定找一籃子機構，如果一間機構能夠同時讓幼教、心理學、社工學生一起實習便行了。例如幼兒園，一個地方就可滿足三個學系的實習要求。大家聽後都覺得很棒，後來也照著這個意見做。

他的關心不只在言語上，也在行為上。有次 Mark 請我們吃飯，他怕我們餓，自己寧願少吃一點，卻不時問我們：「仲加唔加餸啊？」。我們吃得飽飽，就夠他開心半天了。席間，他會和我們分享自己做社工時的經歷，激勵我們也做一個好社工。在我們實習前，Mark 擔心我們的人身安全，主動請師傅教我們自衛術。課程過後，除了一紙證書，我們學曉保護自己，尤其在別人偷襲時。我們學有所成，他心裡就欣慰了。

Mark 的關心不只在校內，也在校外。他會邀請學生一起看球賽，帶我們去參觀重慶大廈；提醒我們做社工要「貼地」，設身處地了解案主的處境。他在網上社交平台十分活躍，分享生活的點滴，按「like」和回應學生的帖子。我甚至懷疑他是「超人」，我們去珠海交流，他通宵達旦看完球賽，沒休息就來送行。

第四章：同學寫同工

在他身上，我目睹了兩個「真」：待人接物的真誠，及對工作的認真。

同學所形容的 Mark Li，對於每一位宏恩社工學系的學生，相信都不會感到陌生。

的確，第一年進宏恩的時候，最多接觸的教授便是 Mark 哥。每次上 Mark 哥的課堂都有很多故事聽，他經常分享所見所聞，由於他見識廣博，不時在生活裡難以接觸的議題，也能從他的課堂上知悉。

此外，Mark 哥亦會跟我們進行一些深度體驗。在課堂上談到有關少數族裔的話題，Mark 哥便提出帶我們往重慶大廈見識。我們抱著好奇心，一起闖到重慶大廈「探險」，見識內部各種「生意」，十分難忘。探險過後，Mark 哥當然不忘請大家當場食個大餐！

同學講 Mark 哥是十分「真」的人，我十分認同。他不會因為教授身分而故意在學生前樹立形象，總以最真誠的一面跟學生相處，亦師亦友。跟他一起，總是獲益良多！

鄧頌韻（2016 社工學系）

僕人領袖是咁的！

實習定心丸

文：鄭尚正（2015 社工學系）

鄭尚正：「老師一句『自己欣賞，人家讚賞』正好提醒了我，當我懂得欣賞自己所做的，人家才會開始欣賞你。」

第四章：同學寫同工

我是宏恩首屆的社工學系學生，今年終於初嚐實習的滋味。在實習前一個月，老師 Paul sir 不住提醒我們一籃子注意事項，教曉我們調節心態。最記得他以下一席話：

「作為一個實習學生，你哋有無思考過自己喺實習機構嘅角色？有無諗過喺實習期間會有幾多不安或者焦慮？實習時，總會有好多時候要面對自己接受唔到嘅事，不論從機構、服務使用者或同事相處之間。你哋有時候會覺得接受唔到，到時又會點樣面對？實習時，會出現好多無力感，覺得自己做嘅係多餘嘅，你哋會點樣面對呢？你哋要記住：『凡事皆有可觀之處，自己欣賞，人家讚賞。』學識留意每件事情嘅可觀之處，細心欣賞其他人所做嘅嘢，發掘當中可取之處。」

以上的教誨乍聽老生常談，我在實習期間卻深切領悟其道理。

發掘可觀之處

我在一所日間護理中心實習，服務對象是身體機能殘疾達中度至嚴重的長者。為了防止他們的認知功能退化，中心每天設有「現實導向環節」，即由工作人員朗讀資料，包括日期、人物、天氣、季節，及中心地址等等。此外，職員又會選擇一些新聞跟長者交流。我給安排帶領這個環節，每週一天篩選時事新聞讓長者了解社會現況多一點。然而，這實在是個大挑戰！面對三十多名長者需要多種技巧，例如整合新聞內容，又要兼顧長者興趣，更重要的莫過於吸引他們的

僕人領袖是啱的！

眼球。對於一向木訥寡言的我，談何容易呢？很不幸，頭幾回帶領強差人意，一般維持三十分鐘的環節，我只能撐到十至十五分鐘。更糟糕的，是我詞不達意，報導風格又嫌太過學術，害長者摸不著頭腦，不時需要職員出手相助。

儘管有點打擊，但當觀察了社工前輩們的表現後，我開始領會「現實導向環節」及中心的可觀之處。表面上，這環節旨在防止長者認知功能退化，但實際上是提供一個開聊機會，助長者與社會拉近距離，從而增加生活的盼望及情趣。其實，長者不僅僅需要資訊，還要有人願意與其交流，一睹人性友善的一面。Paul sir 一句「自己欣賞，人家讚賞」正好提醒了我，當我懂得欣賞自己所做的，人家才會開始欣賞你。因此，我後來選擇自己感興趣的主題，包括環保生活、懷舊文化、健康飲食，我盡量自然地讀，並把這些主題與長者的生活結連。當我懂得欣賞自己的興趣，並由此出發，我的講解變得生動活潑多了。當我愈發投入，老友記愈加細心留意新聞內容，讓我感到萬分安慰。

我想，社工的日常工作大概會遇到許多挫折，半斤的付出往往換不來八兩的收穫吧。感謝 Paul sir，教我懂得以欣賞的心態來完成首個實習！

他的支持，並不僅僅停留在嘴巴上。由開學前直到實習，Paul sir 在課堂上必會問候學生，關心我們的實習情況，亦再三提醒實習時的注意時項。他總會騰出時間留給我們，我們遇到困難或問題都可隨時請教他。他亦與 Mark sir 逐一到訪

第四章：同學寫同工

實習機構，了解學生的實習情況。Paul sir 的付出，讓學生順利完成實習，並從中學習社工之道。

　　教授社工課程一直是 Paul sir 的理想。他曾負責設計嶺南大學的社會工作副學士課程 (2005-2006)，但可惜未能親自教授，之後一直在 IVE 教授長者服務高級文憑。他本著一個教學目標來到宏恩——親自教導一班社工學生，讓每一個都建立自己的個人風格。或許，正是這一個教書夢，推動 Paul sir 成為一位僕人領袖。

僕人領袖是咁的！

宏記發電站

文：朱頌安（2016社工學系）

朱頌安：「自小開始，我的父母對我期望不高，甚麼都很隨心，連中小學老師亦只要求我不過不失罷了。直到遇上這位老師，才感到一份責任感，一種不想有負於他的感覺，成為了我進步的最大動力。」

第四聲：同學寫同工

我是一位社工學生，在學習路上遇到許多挫折。假如要數最大的挫敗感，我一定會揀實習。當中，我發現了自己的不足。

猶記得 year three 在新界大西北第一次實習時，一切都很陌生，不論環境、機構、同事，連空氣也是陌生的。在實習第二個星期，超級颶風「山竹」襲港，中心幾天沒人到訪，我的感受十分不是味兒。就在那時，有老師主動聯絡我，問了我一籃子有關心情、壓力、實習進度等等問題。

上課嚴肅，私下卻是兩個人

猜猜他是誰？就是 Paul sir 了。眾所周知，他上課時相當嚴厲，但私下卻完全是兩個人，一再教我另眼相看。他真的很關心每位學生在 fieldwork 的表現，曉得我們那時壓力最大，所以從不會掛上課堂時似的嚴肅臉龐，有的只是關心。Paul sir 負責統籌學生實習，包括與我們的 fieldwork supervisors 聯繫，這方面他跟得很貼，就算後者奔波勞碌，亦總無甩轆。而且，大多督導老師都是他所認識的同行，所以每當我們碰上難題，Paul sir 總能找到最合適的解決方案。

但我還是力有不逮。礙於我準備不足，實習機構忽然在中途煞停了我，認為我並不適合做 EM（少數族裔）。頃刻，我的自信心崩潰了，但在此時，Paul sir 拉了我一把。他和督導老師溝通過後，安排了另一個臨時實習單位給我。他鼓勵我，說對我有信心，深信我絕對可以做得到，叫我多試一次。在 Paul sir 鋪橋搭路下，我的 fieldwork supervisor 特意抽一晚時間，在咖啡店跟我檢討實習的表現，以及如何面對另一

僕人領袖是咁的！

個將臨的實習挑戰。在這個新的實習場地，Paul sir 一共來過兩次探望我，儘管機構距離宏恩不遠，但他切實的關心，令我甚覺溫暖。

從此多了一份責任感

好的老師就是好的助力，這可以在我成長路上引證出來。Paul sir 令我明白，沒有一位社工是孤軍作戰的，即使遇到挫折，只要背後有人默默支持，我們也可重新振作起來。

這也成了我日後學習的動力。自小開始，我的父母對我期望不高，甚麼都很隨心，連中、小學老師亦只要求我不過不失罷了。直到遇上 Paul sir，才感到一份責任感，一種不想有負於他的感覺，成為了我進步最大的動力。

回應

仲記得 year one 遇到 Pual sir 嘅時候，佢係一個好嚴厲、好刻板嘅老師，去到 year three 慢慢接觸多啲之後，尤其 pre-placement 期間，佢就變成一個 "what—why—how" 嘅阿sir，總會問住呢三個問題，係一個洗腦式嘅教育（笑）。但係去到實習時就會發現，只要你願意去讀去做，佢畀到你嘅嘢一定會畀你想像中多。睇睇我屋企嗰兩籃書，就會發現，只要你問，佢就會有資源畀你。佢顛覆咗我對社工老師嘅想像，佢係可以廿四小時全天候 on call，去照顧我哋，關顧我哋。

林曉桐（2018 社工學系）

第四章：同學寫同工

恰似伯利恆之星

文：余道心（2019 基督教事工高級文憑）

余道心：「在短短一個學期，無論在學業抑或做人方面，我都多了一種推動力。你們讓我明白，每個生命都需要被引導，尋索一份價值，繼而發放光芒。」

僕人領袖是咁的！

我是基督教事工學系的學生，對「僕人領袖」一詞實在不感陌生，甚至責無旁貸的需要曉得。耶穌就是一個楷模，就如聖經記載：「人子來不是要受人的服侍，乃是要服侍人。」祂的足跡、汗水、言語以及情感，無一不為造就他人而捨棄一己之利，真是多麼的崇高！

在這裡我敢說，基督這份捨己精神，都在宏恩上上下下流露出來，包括校監、校長、老師、行政人員，以至新舊生們。

這和我從前的印象不太相似。在我眼中，「僕人」和「領袖」像是學生和老師般對立，前者居下，後者居上。我從未想像過，一個老闆會甘願做「公司嘅一粒螺絲」。

揚起了基督的旗幟

我想向每一位教過 CM 班的老師說一聲多謝，尤其吳牧和李牧。你倆都會相約我們每一位學生面談，偶爾亦會結伴踏出校門，一起飲茶食飯，年前一頓感恩大餐，更是教人難忘。你們的關顧不僅僅停留在心思層面，也有很屬世的一面，不介意滿足我們口腹之慾。我們一邊吃，一邊分享生命，講學業，談前途，傾信仰，論修養。你懂得我們的習慣，甚至認識各人的家人和兒女。

CM 班的一大特色，只因有你們在。你們是老師，但我們亦會同時稱呼你倆為牧師和 mentors。兩位牧師不住勉勵我，不住肯定我，我定會牢牢念記。還要感謝區牧師。在短

第四章：同學寫同工

短一個學期，無論在學業抑或做人方面，都給了我多一種推動力。你們讓我明白，每個生命都需要被引導，尋索一份價值，繼而發放光芒。

這一面「基督精神」的旗幟，不時在宏恩裡無形的揚起。例如在 COVID-19 的日子，師生「平起平坐」，除了一齊對住個「芒」，還要同心抗疫。學校雖小，用來消毒的酒精和紙巾卻是處處可見。同學出入最多的 202 室，總會有人不動聲色的打理。其實，校園得以繼續開放，亦有賴前線職員背後的把關，包括衛生大臣嫻姐和防衛大臣 Ricky 叔叔。宏恩全人都在合力，律己助人。

在宏恩的兩個年頭，我見證了學校花在品格教育的心力，絕不亞於對學問的熱切追求。但願「基督精神」這面旗幟，往後繼續揚起，在日月星光上，揮舞奪目。

僕人領袖是啱的！

好欣賞你引用聖經故事，提醒我哋喺宏恩入面，不少人跟耶穌一樣，活出「僕人領袖」呢份精神。開心你能在短短兩年，扭轉咗自己對何謂領袖嘅想法，發現上至老師，下至嫻姐或者 Ricky 叔，各人都存在基督精神。原來，呢份精神並不需要高地位、高身份先擁有，毋須高高在上。

楊德如（2019 基督教事工高級文憑）

道心在文章提及學校非常著重「僕人領袖」的教導，真的十分認同。過去兩年，看到校長、老師們非常實幹，結合教學和信仰，親切地分享，兼且滿有熱誠。期間，亦邀請不同的嘉賓來分享如何成為一個對社會有貢獻的人。這所學校高舉的不是贏在起跑線上，而是給你一個重新起步，再次投入學習，並且能再一次裝備自己的一所學校。在抗疫的日子，因着每個員工的努力，加上老師們用心設計課程，讓我們無論在家中或是在網上都能夠好好學習。在此，也感激學系的兩位老師，吳牧師和李牧師從學業、實習和我們的個人生活上的需要都十分關顧。所以，這裡是一間傳揚基督的愛的一所學校。

黃祖兒（2019 基督教事工高級文憑）

第四章：同學寫同工

橋夫子

文：霍燕鈴（2019 心理學系）

霍燕鈴：「他似乎有個心願，很想我們拉闊所愛的人與事。我們從中所得的滿足感，絕不能與只顧學生完成定額社區服務時數相提並論。」

僕人領袖是咁的！

牢牢記得第一堂僕人領袖課，不少人都聽得昏昏欲睡。但接著的第二堂，氣氛完全不同，授課的模式一百八十度轉變，改為工作坊似的模樣，由同學的生命故事出發，扣連學者 Liden 所描述的七大僕人領袖行為，班上沒有一人不發言。

「我丟棄了上一年的 PowerPoint，改成了今天的 workshop。謝謝大家的信任，放膽述說自己的經歷。這一堂十分美麗！」老師 Collin 下課後告訴我們。

求學不是求出席

Collin 不想我們只求 attendance，呆坐教室虛渡光陰，他更希望各人有所得著，每一堂也如是。為了令學生有更好的學習體驗，他會尋求我們意見，嘗試了解各人的想法和需要。一般而言，不少老師只會沿用過去的教材，但他一旦對學習方式有新想法，總會願意擱置之前所預備的。他會花時間準備與時並進的教材，以實例具體地表達抽象概念，使學生易於掌握。Collin 跟我們一樣學習，學習如何使學生更好學習，即使是同一個課程，每年都有所不同。由此可見，Collin 很重視他的學生，願意虛己，擇善而從。

他似乎有個心願，很想我們拉闊所愛的人與事。去年，他與非政府機構合作，在校內推出「共享食堂」計劃，每個星期二中午邀來社區內的婦女，為四至五位同學煮餐「住家飯」。席間，Collin 和該名婦女亦會共食。這個計劃有兩大目的：第一，是推廣綠色生活，希望同學減少使用即棄餐具；

第四章：同學寫同工

第二，是建立學生與社區之間的聯繫，接觸較少接觸的社群。另外，Collin 亦構思了一個聆聽計劃，名叫「彼聲戴悅」，以錄音方式，重建年輕一代與長者的溝通。在溝通層面上，香港是個嚴重斷層的城市，不同年齡、階層的人沒有什麼對話平台。他的計劃築起了一條跨代的橋，嘗試消除彼此之間的誤解及偏見，從而減少紛爭。上述的活動創造了別一樣的體驗，我們從中所得的滿足感，絕不能與只顧學生完成定額社區服務時數相提並論。

Collin 亦常常為學生充權。由他負責的「宏集」（註：即 College Assemblies），往往把最終決定權交到協舉的籌委同學手中。籌委會能決定想跟同學們分享的訊息，並自行聯繫相關的機構和人士到校分享。於我，最深刻的一次宏集，是「青 BB 環保創意團隊」來訪的一次。「青 BB」在果欄收集剩食水果，並將其轉化成果醬以及果乾。當天，我們就以這些食材在校內的課室創作餐點。很難想像，有老師願意幫助學生於禮堂以外的地方舉行宏集，除了要為弄髒地方負責，也要趕緊清理場地交還給午後的課。

我所認識的 Collin，就是這樣一位少批評、多鼓勵我們的老師。

僕人領袖是咁的！

溫度教育

文：柯瑩（2019 社工學系）

柯瑩：「一直以來，我都很害怕自我介紹環節，也很害怕分享個人的優勢等等的自我分享。因為，我無法掏出優秀的才藝和拔尖的學術來示眾。但這位老師卻搖頭，不認可我自貶。他告訴我，我的『軟實力』就是最好的證明。」

前排中間：柯瑩

第四章：同學寫同工

　　圓潤的身子裡面，是滿腔熱血；矮小的個子，卻懷揣著遠大的願景。當他首次走進教室，我還以為他會一如既往、滔滔不絕地講解所謂偉大的社工理論和技巧時，他卻淡淡然按開 YouTube，一邊播放「五月天」的歌曲，一邊介紹自己。那一刻，我曉得這一位老師將會殺我一個措手不及。

　　他，就是我們社工學系的周詠禧老師。

　　禧 sir 追求的課堂富有個人感情和渴望，促使我們在自己的期望中學習。在現今教育制度下，一份摘取各類文獻所撰寫的學術論文理所當然取得最高分，但他告訴我們，他需要的是一份透過學習後，磨合屬於自己生命的學術內容——有個人的反思，有個人的回饋，有個人的情感流露。的確，社會工作離不開遵守道德守則、實踐技巧和理論應用，可是這些一旦成為我們的日常，學習亦會變得機械化，失卻個人風格，隨之乏味。所以，即使我們在課堂中出現自己的情緒，這也是被鼓勵的。

　　對呀，身為未來的社工，如沒有將自己融合在內，這一個社工身分是沉悶的，也把自己框在死板的制度中。在課堂學習時，我們很容易迷失或磨掉自己麟角，但禧 sir 卻讓我們知道，每一位社工都應該是獨一無二的，正如我們基於性格和成長背景所塑造出來的不一樣。我們可以用自己來感染這份工作和身分，從而變得有溫度和投入地服侍。似乎，我在禧 sir 的感染下改變了自己，不是為了將來可以站在高處以高高在上的俯視角度伸出援手，而是為了預備更好的自己，好

僕人領袖是咁的！

背負一份使命感來同行。

像筆友似的師生關係

禧 sir 建立了一個「零距離」的師生關係，像朋友的支持者，也像家長一樣的守護者。尤其是每一份功課，我更認為是筆友之間的交流，因為他總能用心回應每一字一詞。每當我收回批改後的作業，除了一份深被認可的感觸，還有鼓勵。從小到大的作業和試卷，首先入目的肯定是紅色交叉，接下來是詳細地解釋錯的原因和改正。可是，禧 sir 批改的每一份作業，我看到滿滿的讚賞。那種感覺很奇怪，因為我們總習慣看到別人需要改善之處，而他卻看到我們的付出和獨特。

這份讚賞，是我自信心的強化劑。我開始慢慢地肯定自己，發現原來自己的努力和用心是會被在乎的，自以為自己的不足和差勁，並非如此卑微，我也因此開始學習發掘自己的好。一直以來，我都很害怕自我介紹環節，也很害怕分享個人的優勢等等的自我分享。因為，我無法掏出優秀的才藝和拔尖的學術來示眾。但禧 sir 卻搖頭，不認可我自貶。他告訴我，我的「軟實力」就是最好的證明。他說，我的眼神很「sharp」，我具社工求知的那團火，我善於發現和觀察別人的好，我的文字滿載情感。

我只瞄到火苗，他卻察覺星光

在我而言，這些話語如曙光般溫暖。在我看來，被禧 sir

第四章：同學寫同工

所點燃的閃光點只是微弱的火苗，可是他卻讓我知道這是自身發亮的星光。我人生首次感覺自己不亞於人，只是發光的方式不一樣罷了。

禧 sir 有一句話還教我特別印象深刻。他說：「如果我去英國可以帶走三個人，我第一個帶的是阿橙。」當下，先是驚喜，聽到理由後，心頭即時傳來一道暖。原來禧 sir 一直明白我的處境，知道我很想走向世界探索更多，可是出於成長背景，這些機會於我可謂遙不可及。很謝謝您懂我的限制，懂我的渴望！

最近聽說他要離開香港這個地方，我由一開始的失望轉至現在的心痛。這定必是個揪心的決定。心痛，疼他因不捨而扭結出的各種情緒，疼他為自己的離開而向我們道歉，疼香港失去了一名優秀的社工和老師。

我想對禧 sir 說：感恩在宏恩遇見您，因為您對社會工作的熱情燃燒了我；看見您努力團結社福界人士，知道您不斷地關懷年輕人，聽到您給予我們的祝福。

您的寄望還迴盪耳邊：「這個世界是『痴線』的，但要記著為何要成為社工的初心，帶著這顆心才可以令自己變得強大。」

請放心，您留下的火花就由我們來繼承，相信這會是燃燒不盡的熊熊烈火。

僕人領袖是咁的！

首先就係一開始講禧 sir 教書嗰度，我覺得講得好中。佢嘅內容我大概用四個字去形容：「人所為人。」即人之所以為人，正正係因為每個人都係獨特，有各自情緒。佢不論喺教學上，定係 assignment 上，都 address 到我哋嘅感覺。尤記得第一份功課，一個小型嘅 group project，我哋要同組員輪流扮演 client、worker 同 supervisor 一職，然後再寫返嗰次嘅感覺出嚟。佢畀 feedback 我嗰陣，我見到嘅評語係我十幾年作為一個學生第一次感覺到，有種佢走咗入我嘅內心世界，喺入邊同我講嘢嘅感覺。第一次感覺到，居然會有個人明白你咁。

仲有一樣嘢，係禧 sir 有句說話成日掛喺口邊，佢話：「呢個世界係『痴線』嘅，所以我想做嘅嘢就係改變呢個世界，即使只係由五十分提升到五十一分，我覺得已經贏咗。」可能呢段時間，有各種不安嘅情緒同感覺充斥住，但係佢教識我哋唔好放棄。

有一次 lecture，禧 sir 叫我哋講下自己未來想做嘅嘢，或多或少因為呢一句說話啦，我喺堂上嗰度大大聲咁講咗出嚟：「我要做社福界未來嘅一個漣漪！」

池銘祐（2020 社工學系）

第四章：同學寫同工

回應

我相信被禧 sir 教過的學生都有共鳴。禧 sir 與眾不同的感染力、鼓勵說話,均深深感動我們內心,和影響我們如何對待、如何想像「社工」這一份工作。

阿橙的文字很生動地描繪禧 sir 教授我哋兩年學習時光和不捨的離別。禧 sir 真的像不會熄滅的火花,不但照亮,還燃點我們對社工,對將來的熱誠和希望。當有需要時,互相打氣,勇敢面對挑戰。

始終人生來來回回,擦身而過有多少個過客?但願禧 sir 和我們都時常憶起當中的珍貴及勉勵。終會相聚。

林芷慧(2019 社工學系)

僕人領袖是咁的!

結語

"Spirit can be said to be the driving force
behind the motive to serve. And the
ultimate test for spirit in one's old age
is, I believe, can one look back at one's
active life and achieve serenity from
the knowledge that one has, according
to one's lights, served? And can one regard
one's present state, no matter how limited by age and health, as one of
continuing to serve?"

Robert Greenleaf

看到了貼地僕人的容貌

文：李灝麟（通識教育學院同工）

　　看完了一個又一個僕人領袖小故事，你的感受如何？在這結尾一章，我們試試做些歸納，看看能否提煉一些重要課堂，給大家更多參考。

僕人領袖多過一種臉容

　　首先，同學也好同工也好，看在他們眼裡，配得上披戴僕人領袖桂冠的人，絕不是一個一式一樣的倒模人。相反，其所流露的臉容，大可截然不同，套用學術一點的詞彙，即「有眾多特色的」（multidimensional）。在本書裡，僕人領袖的身影變化多端，他或她猶如一位善於指點迷津的智者、助人成長的生命師傅、口出恩言的治療系男／女生、無條件付出的母親，或者專為弱勢發聲的社會行動家等等。

　　這跟主流說法大致脗合。例如，坊間理解何謂僕人領袖，一般都從 Robert Greenleaf 的十個特徵——包括傾聽、同理心、治癒、覺察、構想、遠見、管家、委身於他人成長，以及建立社群——開始。[1] 同樣，由學者 Robert Liden 提出的一個廣被接納的僕人領袖模型，當中亦涵蓋多種展現模式。[2]下圖列舉他所提及的七大僕人領袖行為，以及本書可以用來引證的小故事：

僕人領袖是啪的！

僕人領袖行為（servant leader behaviours）	本書例子
概念化技能（conceptualizing）	「實習定心丸」、「貼近你的小羊」、「溫度教育」
情緒撫慰（emotional healing）	「一碗碗牛奶粟米片」、「治療系老師」、
優先考慮追隨者（putting followers first）	「調教你恐懼」、「神奇鋁俠」、「宏恩有個麵包超人」
幫助追隨者成長和成功（helping followers grow and succeed）	「Her first priority」、「大叔的愛」、「當世界崩潰時會想起誰？」
行為合乎道德（behaving ethically）	「拿撒勒就在這裡」、「神奇鋁俠」、「滋潤心田的一句話」
樂於授權（empowering）	「留守型疾風少年」、「SL-able」、「十萬個第一次」
為社區創造價值（creating value for the community）	「一場午餐革命」、「在這小小花園裡」、「橋夫子」

　　儘管書裡的故事主人翁臉容不盡相同，但我們不難找到一個共通之處——各人的出發點總為對方的好處著想。談到這點，商界的知名學者兼作家 Ken Blanchard 最為一語中的。他說，一切從心出發，當一個人嘗試影響另一個人時，劈頭就要自我叩問：「我是一個尋求自己益處的領袖（self-serving leader），抑或一位服侍人的領袖？」一個人的動機和意圖，

結　語

旁人看在眼裡，假以時日定能給人識別出來。[3]

人少地小反而營造了社群

可從書裡學到的第二堂課，跟我們的小有關。宏恩尚算一所年輕的專上院校，自二零一五年開始辦學，由於知名度不高，收生自然不太理想。這對學校營運不免構成壓力，但是人少，加上校園較細，倒催生出一個小社群。就以首屆為例，當年三個學系人數只有五十人多，同學不僅認識同系的人，其餘兩系的亦朝夕相對。即使計算同工在內，全校人數也未過百，所以每一張臉都格外親切，各人亦不難唸出對方的名字。這種特殊的氣氛，書裡不少故事都有提及：

> 「除了教職人員，同學亦對前線的行政同工感到一點意外。『報讀宏恩後，我不過來了幾遍，職員已經可以唸出我全名。學校雖小，倒造就了一個小社群。』」（擇於「唸我們的名字」一文）
>
> 「有一個好舊嘅片段，就係學校頭幾個月仲未有水機，二樓個水機都未有⋯⋯後來同學見我成日搬水，之後就上嚟四樓自己搬，拍門自己攞水，開始自己 run。呢個情況維持咗兩個月，你會睇到佢哋肯做，同埋有感染力。啲水係淨係畀自己飲，我相信個 community 係由嗰刻開始起。」（擇於「SL-able」）
>
> 「宏恩的這些年，將是我人生的特殊回憶。因為我們的小，人與人之間的關係更加密切；因為我們的小，團體中更能體現家庭成員的互相扶持。和其他八大學院

僕人領袖是咁的！

相比，宏恩的小，從另一個層面倒體現了她的大。」（擇
於「滋潤心田的一句話」）

　　「當我哋同學之間喺功課上有爭拗，老師都樂意化
解我哋中間嘅矛盾。其他學校好少有呢啲情況出現，因
為太多人，老師根本唔會有時間照顧每一個學生。」（擇
於「滋潤心田的一句話」）

　　「宏恩，唔單只係一間學校，更係一個家，一個我
唔想離開嘅家。」（擇於「調較你恐懼」）

　　「雖然宏恩校園比較細一點，學校所有人的關係卻
變得更加緊密，甚至每一張臉都可以認出來。」（擇於
「發芽癢」）

　　在這小小社群裡，人們很難僅僅停留在擦身而過的關
係。同一張臉，你會在同一學年遇上起碼數遍，所以我們更
易向人打個招呼，點點頭，甚至打開話閘子走進對方的生命。
慢慢地，人與人的關係就從「我與它」（I—It）轉化為「我
與你」（I—Thou），身邊的人不再是一個陌生的他者，甚至
淪為一件物件，只管用來滿足自己的需要。[4] 有趣的是，我們
在不太刻意底下，似乎不知不覺貼近 Greenleaf 心目中的理
想教育。在他而言，主流不少學校走歪了路，一股腦兒製造
狀元，標榜向上流動有多成功。這會破壞社群，在他看來，
每一處嘗試陶造生命的地方，那裡必須有愛，而愛的滋養地，
往往就是人與人願意彼此承擔的小社群。Greenleaf 以下一話
值得細嚼：

結語

"The school, on which we pinned so much of our hopes for a better society, has become too much a social-upgrading mechanism that destroys community...And much of the alienation and purposelessness of our times is laid at the door, not of education, but of the school...Any human service where the one who is served should be loved in the process requires community, a face-to-face group in which the liability of each for the other and all for one is unlimited, or as close to it as it is possible to get...Where community doesn't exist, trust, respect, and ethical behavior are difficult for the young to learn and for the old to maintain." (The Servant as Leader, R. Greenleaf, pp. 50-52)[5]

　　另外值得一提的是，宏恩的人情味在其中一處意想不到的地方發酵——校門。我們的校園小，出出入入均在同一個位，經同一道小門。就在這個眾人的必經之路上，坐了一位鬼馬的看更叔叔 Ricky，從前任職海關，退休後前來打發時間。他有一個信念，要把人作為「人」看待，這是基本的事，他不只說說罷了，還從自己做起。此外，他曉得青少年容易陷入自我中心的泥淖，所以很會打招呼，要是同學初時不瞅不睬，就直接走到他或她的跟前引起注意，希望把同學從自我的世界拉回來。同學以下有關這個「窄門經驗」，彷如宏恩上下一種集體回憶：

僕人領袖是咁的！

「他就不同，很會打招呼，而且打得非常主動。為了讓學生跟他打招呼，他會用盡所有『法寶』，包括走到你面前刻意打，生怕你見不到他似的。如此執著，在他上班的每一天都發生。他的熱情深深地打動了各人的心，風靡宏恩不少少男少女。漸漸地，我也主動和他打招呼；慢慢地，連我也習慣和別人打招呼。」（擇於「當冰山遇上火」一文）

「每次返嚟宏恩，一入門口望向右手邊，第一個同我打招呼嘅人一定係 Ricky 叔叔。到咗食晏出去買飯或者放學行落樓梯，第一個同我打招呼嘅都會係佢。」（擇於「宏恩有個麵包超人」）

「每次放學，當我經過校務處，他總隔著玻璃跟我對一下眼，有時甚至嘴角上揚笑一笑。更弔詭的是，他會堅持跟我揮手，好像老早就認識我一樣。他一頭蓬鬆白髮，乍看還以為是個住石硤尾的街坊。出於禮貌，我只好尷尬地裝一裝笑，氣氛凝重地一步一步走出校門。」（擇於「大叔的愛」）

揮一揮手，原來可以充滿魔力。Ricky 的行徑乍看有點怪，但他手持兩張通行證，讓人見怪不怪，一是頭上的白髮，二是他的真摯，愛跟年輕人攀談。對於後一個理由，你只要看看上面引述的三個小故事便會頓時明白。在這小社群裡，人們都被看見。

結 語

滿載醫治的一所校園

千萬別小覷這種「被看見」的力量，它可帶來奇妙的醫治，尤其放在我校的處境。若論學業成績，來宏恩叩門的同學大概沒有太多驕人之處。他們跨過了入讀大專院校的門檻，卻未足以入讀八大。在中學時，更沒有站出來成為眾人焦點的習慣，表現中規中矩，不太起眼，說得誇張一點，可能連缺席課堂，老師也不太為意。這些小薯，有的甚至真的負傷——心靈上的——而來。輔導員和學生發展處的同工對此觀察入微：

> 「不少人都會墮進一個「律人嚴、律己寬」的陷阱，宏恩的同學卻倒過來，很懂得欣賞別人，對自己卻十分嚴厲，總會放大自己的不足。這很不利，因為正正來到宏恩的學生在讀書路上並非一帆風順，帶著「挫折」走到這裡。」（擇於「202 集氣室」）

> 「二零一五年，大家都叫做初嚟報到，唔單止第一屆同學，第二屆都係，大家帶住一個唔開心嘅經歷，或者失敗嘅經歷，你同佢講 leadership，真係好遙遠。啱啱先經歷完 DSE 嘅挫敗；或者 High Dip，見到啲朋友可以入到 UGC 啲學位，自己就入咗一間名不經傳，雖然都係學位，但唔知出到去係咩世界。帶住呢份心情入嚟，我相信同學會有好多嘅疑問。」（擇於「SL-able」）

不只同工，同學自己亦敞開了這個傷口：

僕人領袖是咁的！

　　「這也勾起了我初來宏恩報到的回憶。在這陌生的環境，身邊沒有熟悉的朋友，我很不安，不禁封閉自己。在早會時，會選擇遠離講台的位置；在課堂上，則挑離門口最近的座位。甚至午息，亦寧願出外堂食，為的是避免接觸或遇到校內的師生。日子雖悶，但我在抽離中找到一絲安全感。」（擇於「治療系老師」）

　　「猶記得剛剛入學，同學之間不太熟悉，關係仍未好好建立，可謂人地生疏。我一上完課就會拉好書包，馬上拔腿離開椅子，像小學生一樣疾馳樓梯，直衝到學校門口。」（擇於「大叔的愛」）

　　「一直以來，我都很害怕自我介紹環節，也很害怕分享個人的優勢等等的自我分享。因為，我無法掏出優秀的才藝和拔尖的學術來示眾。」（擇於「溫度教育」）

　　類似的折翼經驗，大概是不少同學的寫照。可幸的是，除了看更叔叔 Ricky，校園裡還有不少有心人。例如，在上述「治療系老師」一段引文中，相關同學最終找了學生事務處的同工傾心吐意，後者一心一意的聽，心無旁騖，事後作出的回應，更深深印在同學的心坎中。同樣，另一個感人的畫面在「溫度教育」一文有所勾勒，當中原本自信心低的同學亦被一位老師的話語醫治過來。同工口出恩言，多說造就人的說話，我們來看看兩位肇事者的反應吧：

　　「終於，我嘗試跟上述提到的老師談談我的問題。他說：『每個人都有未適應的時候，不用強迫自己，但

結語

也不要封閉自己，慢慢接受，漸漸改變。」聽完他一席話後，我的不安，還有一份隔閡感，彷彿慢慢消彌。事實上，那此以後，我在校園投入更多，對身邊的人也開始上心，不再一放學就馬上回家，有空也會蕩到 202 室坐坐。他的說話治癒了我，改變我的心態，讓我告別冷漠，走心裡的孤單。」（擇於「治療系老師」）

「但禧 sir 卻搖頭，不認可我自貶。他告訴我，我的『軟實力』就是最好的證明。他說，我的眼神很『sharp』，我具社工求知的那團火，我善於發現和觀察別人的好，我的文字滿載情感。在我而言，這些話語如曙光般溫暖。在我看來，被禧 sir 所點燃的閃光點只是微弱的火苗，可是他卻讓我知道這是自身發亮的星光。我人生首次感覺自己不亞於人，只是發光的方式不一樣罷了。」（擇於「溫度教育」）

在某個意義上，這種醫治包含了靈性的一面。Don Frick 在其替 Greenleaf 所寫的傳記裡，曾提及後者對何謂「宗教」一詞作出了獨具慧眼的見解：

「這就是他給宗教所下的定義：『當一個服務機構所作的事，可以把疏離的人醫治過來，或是助其與他人重新連結，又或讓一般人免於身陷疏離感，並且賦予他們活著的意義，那就是一個虔誠的宗教舉動。任何團體或者組織，假如能夠有效滋養以上的特質，不管他們持守什麼信仰，就算得上一所宗教組織。』」[6] (p. 46)

僕人領袖是咁的！

　　將一個人從疏離的邊緣挽回，助其重新與他人連結，站在 Greenleaf 的角度，正是任何一個心繫宗教情懷的一個團體該作的事。

　　綜觀而言，在宏恩裡出現的僕人領袖有三大特色：他們以不同的踐行方式影響別人、他們共同努力建構一個小社群，以及他們的行事為人帶有醫治的能力。

　　除了以上三個較為重要的課堂，還有另外三點格外值得留意，或許有助大家日後踐後這種領導模式。

往前走的三個錦囊

　　僕人領袖也是一位「時間友人」（timeful friend），即甘心樂意擺上時間，花在對方身上。[7] 的而且確，這是十分奢侈的要求，尤其在現今職場上，各人的行事曆早已安排得密密麻麻。我們都很難擠出時間，當身邊有人進入了自己的生命，倘若留得太久，我們就會使用肢體語言——例如睇錶或者望鐘——示意對方還是盡早離開。不難明白，坊間為何會推銷「優質時間」（quality time），就算放在照顧子女一事上亦通用。可惜，人的工作愈是在時間上根根計較，對方心有所感，果效反然變得差。以下的點點滴滴，或許展現了另一種時間法則，不是 quality time，而是 quantity time，當人經歷這種時刻，心內總會傳來一道暖：

　　　　「有件事教我格外敬重他。有一次，我跟好友吵架，之後在 C 面前哭得呼天搶地。C 在麥當勞陪伴了我

結語

三小時，耐心地聽我，並仔細地分析事情，為我解憂，更為我祈禱。奇怪的是，與他交談過後，就不再那麼憂傷了——他真的很有治療別人的能力！」（擇於「一碗碗牛奶粟米片」）

「記得以前每逢大型活動，我們總要準備幾百袋宣傳品。同事們一知道，大家都會快快手完成自己手上工作，流水作業式的一起準備宣傳品。其中一個同事明明在備課，但都挺身而出，與我們並肩作戰。他穿起長褸，帥氣十足的跟我們入信封、搬搬抬抬，間中唱兩句韓語歌曲。他寧願回家再埋頭苦幹備課，都不願我們孤軍作戰，為我們打氣，更親力親為。」（擇於「PhD 速遞服務」）

「Mark 的關心不只在校內，也在校外。他會邀請學生一起看球賽，帶我們去參觀重慶大廈；提醒我們做社工要「貼地」，設身處地了解案主的處境。他在網上社交平台十分活躍，分享生活的點滴，按「like」和回應學生的帖子。我甚至懷疑他是「超人」，我們去珠海交流，他通宵達旦看完球賽，沒休息就來送行。」（擇於「貼近你的小羊」）

僕人領袖懷著牧者心腸。我想在這裡倡議借用「牧羊人」這個隱喻（metaphor），來輔助我們對僕人領袖的理解，亦即除了「僕人領導」（servant leadership），亦可說成「牧人領導」（shepherd leadership）。[8] 事實上，當年 Greenleaf 就以「僕人」作為暗喻，解釋何謂一位好的領袖，單從他畢生最重要的文章的標題（＂The Servant as Leader＂），就

僕人領袖是咪的！

可見一斑了。套用多一個「牧人」的意象，最主要的考量有二：一、跟一般歐美國家人與人的關係相對平等不同，華人社會略嫌傾向長幼有序。自覺或不自覺也好，華人在領導上或會多添一點大家長意志，認為身邊的追隨者只管跟從或者聽話就好了。正如俗語所云，「我食鹽多過你食米」，幹嗎我要聽你的？礙於這種文化差異，僕人領導模式放在華人社會，可能會被曲解成「僕人是你，領袖是我」；二、「牧人」這個比喻，捕捉了關係建立上一個重要元素——「近」（closeness）。不難想像，放牧的人必須走進羊群當中，認識牠們，甚至可以辨別每隻小羊獨一無二的聲音。牧人的責任就是保護眾羊，一旦一隻走失，亦會想方設法尋回。無獨有偶，教宗方濟亦鼓勵神父如此埋身接觸自己牧養的羊群，身上要溢出「羊的氣味」（smell of sheep）。這種並肩同行再加守護生命的特性，或可平衡華人社會相對強調上下高低的傾向。以下三個事例，說明了老師如何牧人似的在旁守護身邊的小羊：

> 「他的支持，並不僅僅停留在嘴巴上。由開學前直到實習，Paul sir 在課堂上必會問候學生，關心我們的實習情況，亦再三提醒實習時的注意時項。他總會騰出時間留給我們，我們遇到困難或問題都可隨時請教他。他亦與 Mark sir 逐一到訪實習機構，了解學生的實習情況。Paul sir 的付出，讓學生順利完成實習，並從中學習社工之道。」（擇於「實習定心丸」）

結 語

「禧 sir 建立了一個「零距離」的師生關係，像朋友的支持者，也像家長一樣的守護者。尤其是每一份功課，我更認為是筆友之間的交流，因為他總能用心回應每一字一詞。每當我收回批改後的作業，除了一份深被認可的感觸，還有鼓勵。從小到大的作業和試卷，首先入目的肯定是紅色交叉，接下來是詳細地解釋錯的原因和改正。可是，禧 sir 批改的每一份作業，我看到滿滿的讚賞。」（擇於「溫度教育」）

「近日跟一位同輩的年輕老師閒聊，言談之間，問他六年以來印象最深一位同學是誰？他的答案教我不太意外，那位同學確實棘手，直接一點，就是難教。這位老師比我年輕，卻有一個源自恐龍時代的習慣——愛寫教學日記。有天，他在格子坦露他的沮喪、他的乏力、他的痛心，然後拍攝下來，發給文中提及的主角，完完全全剖開自己的心。柔聲細語，同學感應到了，繼而說出了令自己成長的一句話——『對不起！』」（擇於「主在校園時」）

所謂服侍，可從身邊一個小小角落開始。對於不少同學，一提「領袖」一詞，總會跟自身經驗感到相當遙遠。畢竟領頭的人，不少不是頭戴光環的偉人，就是腰纏萬貫的有錢人。然而，本書的諸多事例証明了，一個感染別人作出改變的人，不時只因堅持從事一個小小的行為，那怕是栽種一盆小花，清洗一個膠樽回收，或者踩扁一個鋁罐留給老人。無獨有偶，Greenleaf 曾說：「努力去造化世界一小個角落，使它在你離

僕人領袖是咁的！

開的時候，比你來之前變得美好一點。」此話，是他用來為自己父親總結一生的話，也是他掛在口邊一句勉勵年輕人的寄語。

「她是僕人，又名環保小先鋒。從開學至今，她一直堅持把早午餐喝完的鐵罐膠樽清洗乾淨，再把它們放到回收箱裡。整整三年，從沒因為忙碌、趕時間或怕麻煩，給自己找藉口放棄回收。這份堅持感染了身邊的朋友，讓她成為了領袖。從前的我根本不知道回收前要先清洗，也不會思考環保為何物，看到她擇善而執，我現在就多了一分意識：『花點時間洗乾淨膠樽再放入回收箱吧，不要那麼不環保啦。』」（擇於「拿撒勒就在這裡」）

「我一直想不明白，兩位 final year 的同學為何花那麼多時間在二樓的花園裡。但我曉得，當我每次踱到花園，總會遇上一些小驚喜。一年級還沒有的魚缸，轉眼就躲了一條條小魚在水種植物中；二年級還沒有的藤架，很快便爬滿了瓜類植物。三年級呢？長木椅上又多了一些小盆栽，盆盆都精緻可愛。四年級呢？香草植物開始進駐，溢出陣陣誘人的芬芳。所以在休息的時候，除了 202 室，小花園也是一個非常舒適的地方。」（擇於「在這小小花園裡」）

「校園放置了回收箱，可惜似乎不太顯眼，每逢午膳時間一過，垃圾筒便塞滿一包二包裝了飯盒、膠樽、汽水罐的膠袋，不加分類。嫻姐習慣小心翼翼逐個

結語

打開，然後檢拾可回收的物件出來。花心思在這些額外工作，為的是要增加額外收入？不。原來在過去一段日子，一位年逾八十的婆婆不時前來學校，乞求一些紙皮和汽水鋁罐。嫻姐不僅沒有拒絕，反倒為她多走一步又一步。她詢問了婆婆的電話，待汽水罐儲備了一定數量，才致電叫她來領。為了存放多一點，嫻姐又會洗淨每個鋁罐，兼且放在地上逐一壓扁。她毫不介意任何一個工序，只想到自己多處理一個，婆婆就可多賺一兩毫。」（擇於「神奇鋁俠」）

也許，生命其中一個重要課堂，就是學懂走出自己，迎向他人。[9] 假如此話屬實，那麼所謂僕人領導，與其說是一種領導模式，倒不如看成一種做人取向。如此理解「僕人領袖」一詞，亦有助化解一個看似矛盾的情況。直覺告訴我們，「領袖」和「僕人」難以二合為一。從空間看，前者居上（above and ahead），後者位下（below and behind），同一時間根本無法位處同一點，更遑論要集於同一個人身上。然而，若然所謂「領袖」，指的是一個人在機構身處的位置（position），而「僕人」則描述一個人的性情取向（disposition），那麼兩者融為一體，就沒有相互牴觸了。[10] 畢竟，我們不難想像，一個位高權重的人，總可懷著一顆服侍人的心履行其職務。

擁抱這個理念的人，會少一點為自己，多一點為別人。如此行事為人的人，只要有他們在，那個地方就會化成聖地，身處其中的人亦會如同 Greenleaf 所說，變得更加健康、英

僕人領袖是啱的！

明、自由以及自主，更想成為一位服侍人的人，更會為社會的弱勢發聲。

註釋

1. 值得注意的是，Greenleaf 在其 "The Servant as Leader" 一文沒有以點列的方式指出何謂僕人領袖，我們今天所認識的十大特徵，其實是由 Larry Spears 歸納而成的。後者曾在 Greenleaf Center for Servant Leadership 出任十八年的行政總裁，對 Greenleaf 的想法自然理解通透。

2. Liden, R. C., Wayne, S. J., Zhao, H., & Henderson, D. (2008). "Servant Leadership: Development of a multidimensional measure and multi-level assessment," in *The Leadership Quarterly*, 19, 161-177.

3. Blanchard, K. H. & Hodges, P. (2003). *The Servant Leaders: Transforming your Heart, Head, Hands & Habits*. Nashville, TN: J. Countryman.

4. Buber, M. (1937/2013). *I and Thou*. London: Bloomsbury Publishing.

5. Greenleaf, R. K. (2002). "The Servant as Leader," in *Servant Leadership: a Journey into the Nature of Legitimate Power & Greatness*. New Jersey: Paulist Press, pp. 50-52.

6. Frick, D. (2004). *Robert K. Greenleaf: a Life of Servant Leadership*. San Francisco, CA: Berrett-Koehler, p. 46.

7. Hauerwas, S. (2016). "Timeful Friends: Living with People with Mental Retardation," in *Sanctify Them in the Truth: Holiness Exemplified*, 2nd ed. Edinburgh: T&T Clark, pp. 152-167.

8. 葛窈君（譯）（2017）。牧羊人領導：詩篇 23 的領導智慧（原作者：B. McCormick and D. Davenport）。台北：啟示出版。

結語

160

9. 這個見解取自教宗方濟各在《願祢受讚頌》所寫的話，全文如下：「我們永遠都能走出自己，迎向他人。除非我們這樣做，否則無法認識其他受造物的真正價值，不會關注對他人有他的事物，也無法自我克制以避免他人受苦或造成周遭環境惡化。若我們真心希望能關愛我們的弟兄姊妹和愛惜自然環境，關鍵在於我們要超越自我，以及拋棄任何形式的自我指涉和良知麻木。」（LS, 208）

10. Sims, B. (2005). "The Paradox of Servant Leadership," in *Servanthood: Leadership for the Third Millennium*. Oregon: Wipf and Stock, pp. 15-27.

僕人領袖是咁的！